JN327747

أبناء الجالسين على عر

تفضل حضرة صاحب السمو الأمير عمر طوسون، فأتحفنا ببيان تاريخي دأب استمر جنابه لهذه اللوحة المصورة التي تضم أبناء الجالسين على عرش مصر من محمد علي الكبير إلى جلالة الملك فاروق الأول. ونحن ننشرها هنا شاكرين للأمير فضله وخدمته الجليلة للتاريخ

١ - محمد علي باشا

ابراهيم باشا ١٧٨٩ - ١٠ نوفمبر ١٨٤٨	أحمد طوسون باشا ١٧٩٣ - ٢٩ سبتمبر ١٨١٦	اسماعيل كامل باشا ١٧٩٦ - ١٨٢٢	جعفر بك توفي سنة ١٨١٠	نعمان بك توفي سنة ١٨١٥	اسكندر بك ١٥ ابريل ١٨٣١ - يونيه ١٨١٥	حليم بك توفي سنة ١٨٢٢	عبد الحليم بك ٨ اكتوبر ١٨٢١ - ١٨٢٩	محمد سعيد باشا ١٧ مارس ١٨٢٢ - ١٨ يناير ١٨٦٣	حليم بك توفي سنة ١٨٢٣
محمود بك فبراير ١٨٢٥ - ١٨٢٩	حسين بك ١٨٢٥ - ١٨٤٧	عبد الحليم بك ١٨٢٦ - ١٨٣٠	علي صديق بك ٣ مارس ١٨٢٨ - ١٨٣٦	محمد عبد الحليم باشا ١٨٣١ - ٤ يونيه ١٨٩٤	محمد علي باشا ١٨٣٣ - ٢٧ يونيه ١٨٦١	ابن اسكندر ولد في ١١ ابريل ١٨٣٣	توحيده هانم ١٧٩٧ - ١٨٣٠	نازلي هانم ١٧٩٩ - ١٨٦٠	رقية هانم توفيت ١٨١٠
سلمى هانم توفيت ١٨١٥	زليخا هانم توفيت ١٨١٥	زينب هانم توفيت في أغسطس ١٨٢١	فاطمة هانم توفيت ١٨٢٢	رقية هانم توفيت ١٨٢٣	زينب هانم توفيت ١٨٢٣	زينب هانم توفيت ١٨٢٩	زينب هانم ١٢ اكتوبر ١٨٢٥ - ٩ ابريل ١٨٨٤	عائشة هانم ٢٢ سبتمبر ١٨٢٨ - ١٨٣٣	رقية هانم توفيت ١٨١٤

監修者――木村靖二／岸本美緒／小松久男／佐藤次高

［カバー表写真］
ムハンマド・アリー
（ヴェルサイユ宮殿美術館蔵）

［カバー裏写真］
カイロ，ムハンマド・アリー・モスク

［扉写真］
ムハンマド・アリー政権家系図

世界史リブレット人67

ムハンマド・アリー

近代エジプトを築いた開明的君主

Katō Hiroshi
加藤　博

目次

「ガゼルの目」をもつ人物

ムハンマド・アリー(一七六九〜一八四九、在位一八〇五〜四八)は、一八〇五年から四八年という十九世紀の前半のほとんどにおいてエジプトを統治した君主である。近代国家エジプトの創始者として評価されている。そのムハンマド・アリーの統治についてもっとも包括的な情報を提供している研究書に、次のような文章がみられる。

人びとは、常に生き生きと輝いていた彼の目に魅せられた。ムハンマド・アリーに会ったパトン▲は、彼がすでに青春から遠く離れていたにもかかわらず、次のように述べている。「……もし天才を示す目をもつ人間がいるとしたら、ムハンマド・アリーこそかかる人間である。それは死んでもい

▼**A・A・パトン**　イギリスの歴史家。一八七〇年に出版された『エジプト革命の歴史――マムルークたちの時代からムハンマド・アリーの死まで』(増補第二版)はエピソードをまじえながら丹念に事件を追っていくところから研究史料としてのみならず、読みものとしてもおもしろい。

なければ落着き払ってもいない。ガゼルの目のように魅惑的であり、また、嵐のときにおける鷲の目のように荒々しかった」。しかし、ほぼ同じ時期にムハンマド・アリーを訪れたコブデン▲は、彼の落ち着きのない目について語っている。コブデンはそこに天才のかけらもない、自分の店で万引きを見張る商人の目しか見なかった。コブデンには、ムハンマド・アリーに人を打つ凛とした表情はなかったし、彼の目に道徳的で知的な崇高さを示すものは何もなかった。

（サイイド・マルソー『ムハンマド・アリー統治下のエジプト』）

「目は口よりものをいい」といわれる。目は心の窓である。その目について、このように正反対の印象を与える人物とは、どのような人物であったのであろうか。ムハンマド・アリーが複雑な性格をもっていたことは疑いない。それが、彼に対する正反対の印象をもたらしたと考えられる。しかし、この点についてより重要なのは、当時のエジプトがおかれた複雑な時代状況である。ムハンマド・アリーの印象を語る者は、この複雑な状況のなかで、問わず語りに自分の政治的な立場を表明していることが多い。

▼コブデン（一八〇四〜六五）　リチャード・コブデンはイギリスの政治家。自由貿易と平和を求める自由主義者であり、一八三九年には穀物法廃止に成功した。一八三六年と三七年、療養のためイギリスを離れたが、その間、エジプトに立ち寄り、ムハンマド・アリーと会見した。

それは、同時代人の印象のみならず、後代の研究者の評価においても同じである。実際、ムハンマド・アリーの統治に対する評価は、それを語る研究者の歴史観によって、大きく異なる。例えば、国家体制一つをとっても、当時のエジプトをオスマン帝国の属州▲にすぎないとする立場と、実質的な独立国家であるとする立場がある。

さらに、後者の場合でも、ムハンマド・アリー時代をもって、現代にいたる近代国家エジプトの形成の出発点と評価する立場と、もしそうだとしても、それは所詮、それまでエジプトを支配してきたと同じ異民族支配国家にすぎず、現在の国民国家エジプトは彼を始祖とする異民族王朝(ムハンマド・アリー朝、一八〇五～一九五三年)の打倒をもって成立したという立場がある。

このどの立場に立つかによって、ムハンマド・アリーの統治に対する評価は異なるものになろう。彼がエジプトを統治した十九世紀前半は、エジプトにおいて「近代」という時代が本格的に展開する時代にあたる。ムハンマド・アリーの施策は、非ヨーロッパ世界におけるもっとも早い近代化政策の一つであった。その意味で、当時のエジプトは「先進的」でさえあった。ムハンマド・ア

▼オスマン帝国とエジプト　オスマン帝国(一二九九～一九二二年)は中央アジアから移住したトルコ族によって建国されたイスラーム国家。一九二二年のトルコ革命によって滅亡するまで、イランを除く西アジア、北アフリカ、バルカン、黒海北岸、カフカスの大部分の地域を支配した。一五一七年、オスマン帝国はエジプトを征服した。以後、一九一四年にイギリスの保護国となるまで、エジプトの正式な政体はオスマン帝国のエジプト州であり、エジプト総督によって統治された。しかし、これはいわば建前であって、現実には、オスマン帝国の統治初期から、エジプト総督のもっとも大きな役割は毎年、イスタンブルに貢納金を送ることであった。このことに示されるように、エジプトはオスマン帝国の中央集権的支配から逃れていた。その後も、オスマン帝国とエジプトとの関係は、スルタンと現地勢力との力関係によって左右された。そのため、十九世紀の中葉にいたっても、エジプトがオスマン帝国の属州であるか独立国家であるかの論争がある。

リーの統治は、さまざまな国際的ならびに国内的な政治・経済・社会・文化の諸関係の交差のなかで展開した。本書は、ムハンマド・アリーという人物の事跡をとおして、十九世紀前半におけるエジプトという「先進的」な非ヨーロッパ世界での「近代」の意味を問うことを目的とする。

▼**カヴァラ**　ギリシア共和国北部における、テッサロニキにつぐ第二の都市。東部マケドニア地方の主要港町。一三七一年から一九一二年まで、オスマン帝国領であった。ムハンマド・アリーはこの都市に生まれたが、その生家は、現在、博物館として保存されている。

①—ムハンマド・アリーを生んだ東地中海世界

政治状況

　ムハンマド・アリーは、マケドニアの小さな海港カヴァラ▲に生まれた。カヴァラは現在、ギリシア領にあるが、当時はオスマン帝国領にあった。ムハンマド・アリーの後半生については、数多くの肖像画、石版画が残されている。これとは対照的に、前半生について知られていることは実に少ない。少ないだけではなく、伝説に包まれている。彼自身が生い立ちを語らず、また後年、それについて粉飾された多くの伝説が意図的につくられたからである。

　生年でさえ、一七六八年から七一年までの幅をもって推定されている。ただし、ムハンマド・アリー自身は、一七六九年を自らの生年と主張していた。というのも、彼は自らを名将軍として認められたがっていたが、一七六九年はフランスのナポレオンとイギリスのウェリントンという天才的な軍人が生まれた年であり、自分の生年もそれがふさわしいと考えていたからであるという。

　彼が生きた時代は、ヨーロッパにおいて、フランス革命ほか多くの政治変革

▼**ナショナリズム**　近代ヨーロッパにおける国民国家建設のイデオロギー。国民(ネーション)を政治、経済、文化の主体とし、国家の単位と考える。厳密な主義主張ではなく、政治的な単位と文化的あるいは民族的な単位を一致させようとする思想と運動の総体を指す。

が起き、現在のヨーロッパ政治体制の基礎がかたまった時期であった。そのなかで、現在のヨーロッパ諸国家が形成されていく。この過程で核となった理念はナショナリズム▲であるが、ナショナリズムにもとづく国民国家建設は、当時のヨーロッパでもいまだ過渡期にあった。

この点において、地中海の北と南とで、基本的な政治状況の違いはなかった。地中海の南、オスマン帝国領においても、同じ政治過程が展開していたからである。国民国家というと、まずヨーロッパに成立し、ついでそれが非ヨーロッパ世界に伝播したと考えられがちであるが、現実には、国民国家の形成は地中海の北と南で同時並行的に進行していた。イタリアのリソルジメント(イタリア統一運動)の終結が一八六一年、プロセインを中心に上からの働きかけでドイツが統一されたのが七一年(なお、日本の王政復古は六八年)である。

つまり、こと国民国家の建設という次元でみるかぎり、当時、ヨーロッパとイスラーム世界はともにナショナリズムにもとづく国民国家への道を歩んでおり、国民国家の建設において、ヨーロッパがイスラーム世界に対して圧倒的に先行していたわけではない。

そのため、国民国家建設の施策において、イスラーム世界がヨーロッパに先んじる状況も生まれていた。エジプトはその典型であるが、ムハンマド・アリーが生まれたマケドニアのあるバルカン半島も、そうした事例の一つであった。

イスラーム世界における、近代ヨーロッパ的「国民国家」をモデルとした国家建設の動きは、「東方問題」▲の一環として展開した。「東方問題」とは、オスマン帝国の弱体化を背景にしたオスマン帝国領をめぐるヨーロッパ列強の角逐にともなって生じた国際問題の総称である。

その核心にあったのが、地政学上の要衝の地エジプトと、ロシアが南下政策をとるなか、セルビア人、ギリシア人の独立運動に触発された諸民族が自治・独立運動を展開したバルカンであった。オスマン帝国における遠心的な政治の動きは、すでに十七世紀から十八世紀にかけて、地方有力者の台頭というかたちで徐々に進展していたが、それが加速化し、「東方問題」として国際問題化するのは、十八世紀末から十九世紀前半にかけてであった。

▼**「東方問題」**　十八世紀になりかつての勢いを失ったオスマン帝国の領土をめぐってヨーロッパ列強によって引きおこされた露土戦争、ギリシア独立戦争、シリア戦争、クリミア戦争、バルカン戦争などの一連の国際紛争。不凍港を求めて南下政策をとるロシア、東地中海の権益を主張するフランス、それらを阻止しようとするイギリス、バルカンへの進出をもくろむオーストリアなどによって担われた。

▼**世界システム論**　アメリカの社会歴史学者、イマニュエル・ウォーラーステインが提唱した巨視的な歴史理論。それによれば、十六世紀の近世以降の世界経済史は、世界が西欧を中心とする単一の世界経済システムに組み込まれていく過程として叙述できるとされる。

経済状況

経済状況においても、地中海の北と南で大きな経済構造の違いがあったわけではない。十八世紀の後半、ヨーロッパの経済力での優位は明らかになりつつあった。しかし、それはヨーロッパがイスラーム世界をその従属下におくというようなものではなかった。一時一世を風靡した世界システム論▲によれば、近世以降の世界経済の歴史は、ヨーロッパを「中心」とした世界経済が形成される過程であり、そのなかで、非ヨーロッパ世界はあいついでヨーロッパに従属し、世界システムの「周辺」として位置づけられていく。

それはたしかに、十九世紀の後半についてはいえる。アレクサンドリア港の輸出入統計にもとづいて、一八六五年から六九年にかけてのエジプト年間平均貿易量に占める貿易相手国をみてみよう。輸入相手国の六九・五％がヨーロッパ諸国(イギリス、フランス、オーストリア、イタリア)であり、そのうちイギリスとフランスが五四・九％(イギリス四二・二％、フランス一二・七％)を占めている。この傾向は輸出相手国をみる時、さらにはっきりとしたものになる。上記ヨーロッパ四カ国で九七％を占め、そのうち、イギリスが七六・六％、フラ

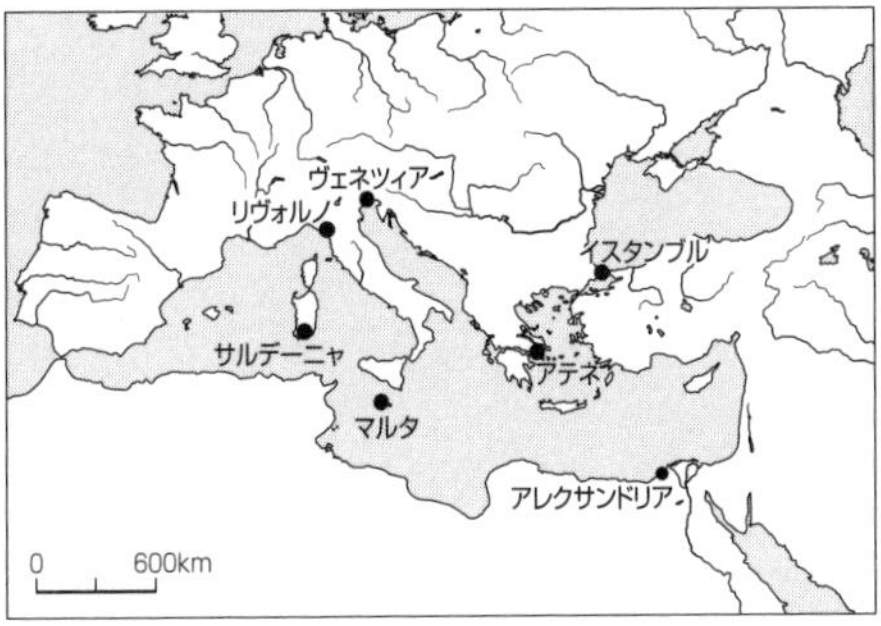

一八三〇年代におけるエジプトの主たる貿易相手

ンスが一二・九%である。イギリスが突出した数字を示しているが、これは当時、エジプトがすでにイギリスの綿産業の綿花供給国であったことを示している。

しかし、その三〇年前の一八三一年におけるアレクサンドリア港からの輸出入統計は、これと対照的である。輸出入国の上位五カ国はともにトルコ(輸出入それぞれ四六・八%、三三・二%)、オーストリア(一七・五%、二五・二%)、トスカーナ(一七・一%、一一・六%)、イギリス(八・一%、一三・五%)、フランス(五・八%、一一・三%)となっている。このうち、トルコとはオスマン帝国であることはいうまでもないが、オーストリアとトスカーナについて、現在のオーストリアという国家、トスカーナというイタリアの地方を単純に想定してはならない。

というのも、当時の文献によれば、アレクサンドリアに居住していた外国人のうち、オーストリア人と登録されていたほとんどは、当時ウィーンを首都とするハプスブルク帝国の統治下にあった、おそらくヴェネツィアを中心とした地方のイタリア人であり、トスカーナ人と登録されていた大部分は、フィレンツェの外港にして、中世以降、特権的自由経済地区であったリヴォルノのユダヤ人であったからである。

これに、上位五カ国に続く貿易相手国としてマルタ、ギリシア、サルデーニャがあげられるのを勘案した時、われわれは十九世紀前半における、エーゲ海、アドリア海を内海とした東地中海貿易圏の存在を想定せざるをえない。地図（九頁参照）は、当時のエジプトの上位貿易相手を示したものである。

以上は、アレクサンドリア港、つまり地中海方面についてだけの貿易事情である。これに、統計が存在しないためにその数量を把握できないが、リビア、スーダン、シリア方面への陸上貿易、紅海を介したアラビア半島、インド洋方面の貿易を加味したならば、当時、エジプトを中心とした貿易圏の存在を想定してもおかしくないであろう。

文化状況

一九八〇年代後半にバナールの「黒いアテナ」▲論が西洋史学界に衝撃を与えた。そこでは、西欧精神の起源とされるギリシアの社会をつくり出したのは北

▼**「黒いアテナ」**　イギリス人歴史学者、マーティン・バナールが一九八七年、古代ギリシア文明の起源について出版した本のタイトル。バナールはその『黒いアテナ』のなかで、ヨーロッパ人が自分たちの文明の基盤であると信じている古代ギリシア文明がフェニキア・エジプト起源であることを主張した。それは西欧によるギリシア史の偽造に対する告発であり、西洋的な知のあり方全般にわたる論争を引きおこした。

一八〇五〜四一年のエジプト領土拡張図

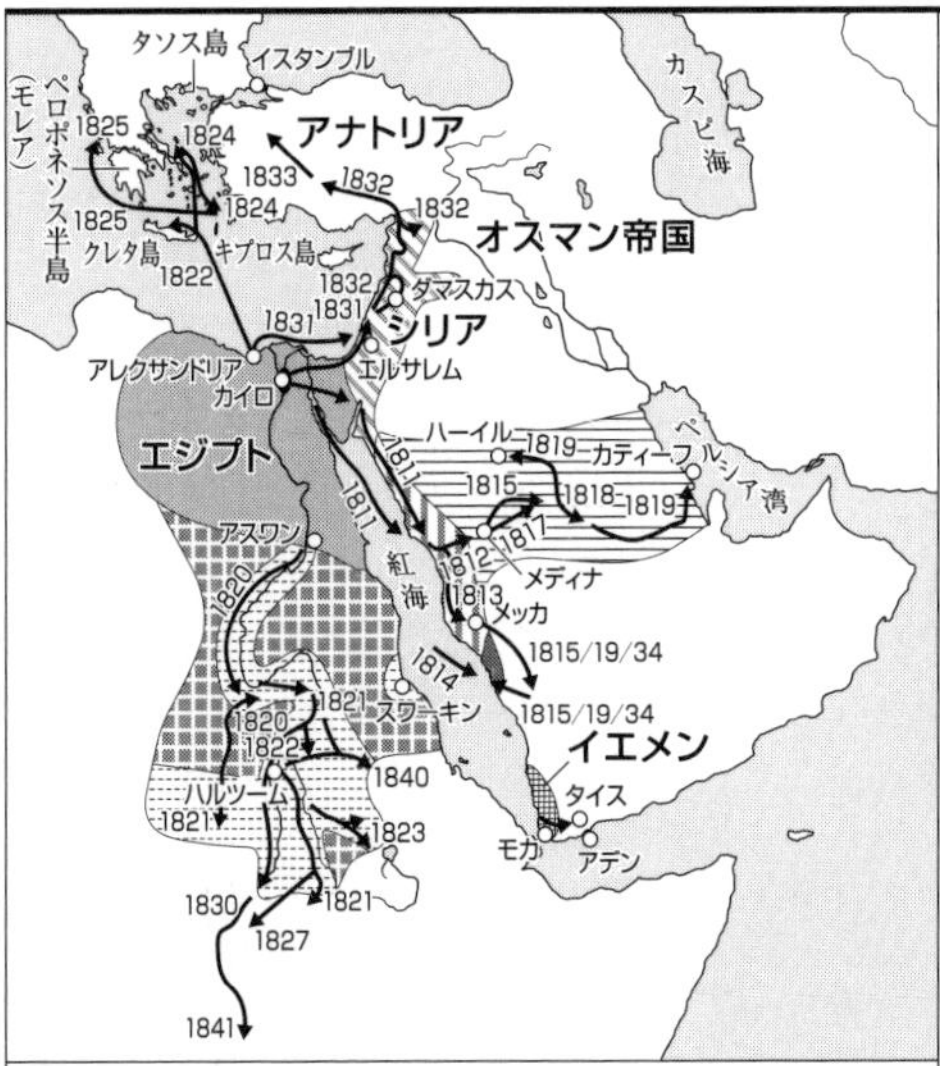

1812年までに占領した地域
1814〜15年，スルタンの命により占領した地域
1818年，1818〜24年，1838〜40年にスルタンの命により占領，エジプトの支配下におかれた地域
1833〜40年のイエメンにおけるエジプト占領地域
1820〜40年のスーダンにおけるムハンマド・アリーの征服地域
1832年にスルタンよりムハンマド・アリーに割譲され，1840年に失った地域
1832年にスルタンよりイブラヒーム（ムハンマド・アリーの長子）に割譲され，1839〜40年に放棄ないし失った地域
→ ムハンマド・アリー軍の進路

ムハンマド・アリー政権家系図

①ムハンマド・アリー 1805-48
- ②イブラヒーム 1848
  - ⑤イスマイール 1863-79
    - ⑨アフマド・フワード1世 1917-36
      - ⑩ファルーク 1936-52
        - ⑪アフマド・フワード2世 1952-53
    - ⑥タウフィーク 1879-92
      - ⑦アッバース・ヒルミー 1892-1914
    - ⑧フサイン・カーミル 1914-17
- ④サイード 1854-63
- トゥースン
  - ③アッバース 1848-54

年号は在位年

アフリカやアラブにかこまれたレバント(東地中海世界)であったと主張されることによって、古代ギリシアを西洋の源とする常識が真っ向から否定されたからである。

このような挑戦的な議論はともかく、東地中海をかこむ世界においてヒト、モノ、カネ、文化の交流があったことは疑いない。すでに紀元前五世紀、古典期ギリシアの歴史家ヘロドトス▲は、『歴史』のなかで、エジプト人の頑固な性格に言及しつつ、次のように述べている。

エジプト人は父祖伝来の慣習を遵守して、新たに別の慣習を容れようとしない。語るべき風習は種々あるが、エジプトには歌が一つしかないことも特筆に値する。すなわち「リノスの歌」がそれで、これはフェニキアをはじめキュプロスその他で歌われているものであるが、名前は民族によってそれぞれ異なる。これはギリシア人がリノスと称して歌う歌謡と同じものと見られるが、……しかしエジプト人が古くからこの歌謡を口にしてきたことは明らかである。

(ヘロドトス『歴史』)

地中海の北と南を分け、そこに言語・民族的、宗教的な違いを指摘すること

▼**ヘロドトス**(前四八四頃〜四二五頃)　古代ギリシアの歴史家。「歴史の父」と呼ばれる。その著書『歴史』(全九巻)において、ギリシアはもちろんのこと、ペルシア、リュディア、エジプトなどの古代オリエント世界の伝聞をまじえた歴史、地理、風俗を叙述した。そこで述べられた「エジプトはナイルの賜物」という言葉は有名である。

の起源は十五世紀のルネサンス期のヨーロッパに遡る。それが熾烈な政治とともに強く主張されるようになったのは、近代、とりわけムハンマド・アリーが生きた十八世紀後半以降のヨーロッパにおいてであった。しかし、現実には、それ以前、そしてその後も、地中海世界は、言語・民族的にも宗教的にも、多様なコミュニティが共存し、交流する場であった。

ムハンマド・アリーが生きた時代の東地中海世界はオスマン帝国の領有下にあり、そこに住む人々はヘレニズム時代と同様に、言語・民族、宗教の次元で複合的なアイデンティティをもっていた。しかし、ほかのオスマン帝国領の住民がそうであったように、彼らの基底的なアイデンティティは、宗教的なものであった。

つまり、イスラーム教徒の場合、アラビア語、トルコ語、ペルシア語、アルバニア語などと話す言葉が違っていても、彼らはイスラーム教徒のコミュニティの一員として意識していた。同様に、ギリシア正教徒の場合、ギリシア語のみならずアラビア語などの非ギリシア語を話す人々がいたが、彼らはみな、ギリシア正教徒のコミュニティの一員として意識していた。

ムハンマド・アリーの出自

　ムハンマド・アリーが生を受け、成長したところは、このような世界であった。彼の出自はかならずしも明らかではない。彼が下層の出であったことは疑いない。しかし、より正確な生い立ちとなると、アルバニア系ともクルド系ともいわれ定かでない。彼に先だつ三代が下級軍人の職についているところから、軍人の家系であったらしい。

　父イブラヒーム・アガーは、カヴァラ市のオスマン帝国軍を補助する不正規兵隊の司令官であった。しかし、軍隊といっても、一般市民に対する公募によってかき集められた無頼の集団という趣であった。規律のとれた集団ではなく、遊牧民がそうであったように、正規軍を補助する役割を担った。

　また、彼は軍の司令官につくかたわら、タバコ取引に従事していた。カヴァラ市の後背地は良質なタバコの栽培で有名であり、カヴァラ市の経済はタバコ取引を中心に展開していた。タバコの葉は、当時の東地中海世界において、重要な商品作物の一つであった。ムハンマド・アリーは、この不正規兵隊司令官のポストとタバコの商いを父から引き継ぐことになる。

▼アルバニア人　インド・ヨーロッパ語系諸族のイリュリア人の子孫とされるバルカン地方の土着民。アルバニア共和国とコソボを中心とし

たバルカン半島に住む。勇敢な山岳民であったところから、オスマン帝国時代には軍の傭兵として雇われた。

双角のフランス軍帽とターバンの二つをかぶったナポレオン　冷徹な植民地主義と奇妙なロマンティックな夢がまじり合ったナポレオンの性格がよく表現されている。

▼ナポレオンによるエジプト遠征　英仏が世界の覇権を争うなか、フランスの青年将校、ナポレオン・ボナパルトが、イギリスのインドへの道を遮断すべくおこなった遠征。一七九八年七月二十四日、カイロ入城。九九年三月には、シリアのアッカー（三三頁参照）まで進撃する。同年八月、フランス本国での政変にナポレオンは急遽帰国したが、フランス軍は一八〇一年十月まで、エジプト占領を続けた。

兵士としての経歴は明らかでない。しかし、多くの小戦闘に参加するなかで、その戦略のたくみさで高官の注意を引いたようである。また、タバコ取引に従事する過程で、ギリシア人・アルメニア人・フランス人など、多くの外国人やマイノリティ（少数民族）の商人と接触し、交渉技術をはじめとした国際感覚を身につけたに違いない。この点、彼自身がアルバニア人▲というマイノリティのコミュニティに所属していたということが好都合に働いたのであろう。

後年、ムハンマド・アリーは、エジプト国家建設にさいして、人種、宗教の違いに関係なく、才能ある人材を登用したが、このプラグマティックな性格は、東地中海世界で生活するなかで身につけた国際感覚によるところが大きいのではないかと思われる。

ナポレオンのエジプト遠征

一七九八年のナポレオンによるエジプト遠征▲は、ムハンマド・アリーの人生に一大転機をもたらした。イギリスのインドへの道を遮断すべく試みられたこの遠征に対して、オスマン帝国は、イギリスと協力してフランス軍をエジプトから追放するため、遠征隊を組織した。カヴァラ市に対しても、三〇〇人のアルバニア人兵士の調達が求められ、その分遣隊の副司令官にムハンマド・アリーが任命されることになった。

オスマン帝国の組織した遠征隊は一八〇一年三月八日、エジプトに上陸した。ムハンマド・アリーの軍事的才能は、その後の戦闘のなかで上官の目にとまるところとなり、司令官の死亡ということもあって、彼はほどなくしてアルバニア兵分遣隊の司令官に昇格し、さらにエジプト総督率いるオスマン帝国軍の部隊長に抜擢された。

フランス軍はオスマン帝国遠征軍の上陸後、三カ月あまりのうちに撃退され、一八〇一年十月、エジプトから撤退する。しかし、フランス軍撤退のあとも、カイロは騒然とした政情のなかにあった。フランス軍によっていったん排除された旧支配層マムルーク▲勢力、オスマン帝国軍、その有力な一翼アルバニア軍、さらにはイギリス軍が三つ巴、四つ巴の対立・抗争をおこなったからである。そのなかで、ムハンマド・アリーは対立勢力の間を巧妙に立ちまわり、またカイロ住民の政治主張をたくみに利用して、頭角をあらわした。

▼マムルーク　マムルークとは、トルコ人、チェルケス人、スラヴ人、ギリシア人などの「白人」奴隷兵を意味する。

▼ウラマー　アーリムの複数形。アーリムは「知識をもつ者」を意味するアラビア語。イスラームの少数派であるシーア派は、共同体の指導者(イマーム)に、信仰に関しても絶対的な権威を認めた。そのため、シーア派の政治論は政教一致の理論であるといえる。しかし、歴史上イマームはほとんど統治しなかったので、現実には、ここでの政治と宗教との関係についての議論はシーア派にもあてはまる。

▼ウマル・マクラム(一七五五〜一八二二)　上エジプトのアシュート生まれ。アズハル学院で学ぶ。ナキーブ・アル＝アシュラーフとして、カイロ市民の信望を集めていた。ア

シュラーフは預言者ムハンマドの子孫に対する尊称であり、ナキーブはその長を意味する。

▼エジプト革命　ナセル大佐を指導者とする自由将校団による軍事クーデタ。一九五二年七月二十三日に起きたところから、七月革命とも呼ばれる。翌年、王制は廃止され、エジプト共和国が樹立される。近代におけるエジプト民族主義運動の到達点とされるが、現在、「アラブの春」と総称されるアラブ民衆の民主化運動のなかで、権威主義的独裁体制の出発点として批判にさらされている。

▼ジャバルティー（一七五三〜一八二五／二六）　近代エジプトの歴史家。年代記『伝記と歴史における事蹟の驚くべきこと』は、ナポレオンのエジプト遠征前後のエジプト史に関する最大の史料となっている。

カイロの民衆蜂起とムハンマド・アリーの総督推挙

一八〇四年、オスマン帝国が任命した新エジプト総督に対する反発から、カイロで暴動が起きた。指導者は、ナポレオン軍に対する市民蜂起を誘導したウラマー、ウマル・マクラムであった。翌年の一八〇五年、ムハンマド・アリーは、カイロ市民の支持を背景に、ウマル・マクラムからのエジプト総督就任要請を受け入れ、オスマン帝国も、これを追認した。ここに、一九五二年のナセルを指導者とするエジプト革命まで続く（ただし、正確には、王制廃止、共和国採用は翌年の一九五三年）ムハンマド・アリー朝が成立することになる。

ムハンマド・アリーがカイロの民衆によって総督に推挙された瞬間は、同時代歴史家ジャバルティーによれば、次のようなものであった。

> 月曜日の朝、彼らはカーディー〔裁判官〕の館で会合をもった。ふたたび、多くの民衆が集まった。しかし門戸は閉じられ、人びとはカーディーの館に入ることはできなかった。サイード・アガーと多くの群集であった。彼らは集団でムハンマド・アリーのところに行き、彼に言った。「われわれはこのパシャ（オスマン帝国の任命した新エジプト総督）を、われわれの支配

者として望まない。彼は総督職から離れるべきである」。

〔ムハンマド・アリーは〕言った。「それでは、君たちは誰を総督として望むのかね」。

彼らは言った。「われわれが受け入れるのは、あなただけだ。われわれは、あなたが公正で善良な人物だということを知っている。あなたは、われわれの条件にかなった、われわれの総督になるだろう」。

最初、彼は断った。それから受け入れた。彼らはムハンマド・アリーに毛皮のコートとガウンをもっていった。サイイド・ウマル（ウマル＝マクラムのこと）とシャイフ▲・シャルカーウィーが、それらを彼に着せた。それは昼下がりのことであった。その夜、このことは、市中において公に宣告された。

（ジャバルティー『伝記と歴史における事蹟の驚くべきこと』）

ムハンマド・アリーの総督推挙については、彼のマキャベリ的な権謀術数に長けた性格が強調されてきた。このことにまちがいはない。しかし、彼の性格がカイロの民衆蜂起を引きおこしたのではない。カイロの民衆蜂起が文字通り、ムハンマド・アリーを総督に引き上げたのである。同時代人（マンジャン▲）の以

▼シャイフ　長老を意味するアラビア語。聖職であれ世俗であれ、有力者を意味する。本文におけるシャイフは、イスラームの宗教界で最高の権威をもつ組織の一つであるエジプト・カイロのアズハル学院の指導的なウラマー（法学者）である。彼らは政治権力者と庶民との間の仲介者でもあった。

▼マンジャン　フェリックス・マンジャンは、アラブ世界に関するフランスの歴史家。ナポレオンのエジプト遠征に参加し、一八二三年、『ムハンマド・アリー統治下のエジプト小史』を著した。

下の叙述は、このことを如実に語っている。

フランス革命の最初期におけるフランスと同じ熱狂が支配した。誰もが武器を買っている。……すべてをとりしきっているのはウマル・マクラム師である。彼はほかの指導者たちより豪胆で気骨があり、それゆえに、より影響力を持っている。……ムハンマド・アリーは引き続き、彼の主たる力である民衆と提携している。

（マンジャン『ムハンマド・アリー統治下のエジプト小史』）

独立国家エジプトの確立

ムハンマド・アリーはきわだって短い前腕、おちょぼ口、そして美しい手をもつ、短軀のずんぐりしてがっしりした体つきをしていた。髪はブロンド。彼の容姿のなかでとりわけ人の目を引いたのは、本書の冒頭で述べた、その深く窪んだ、はしばみがかったグレーの目であった。一言でいえば、なかなかのハンサムであった（二一頁肖像画参照）。

ムハンマド・アリーは父のポストを継いだ時期に、アミーナという女性と結婚した。彼女はカヴァラの有力者の娘で、若くして夫をなくした寡婦であった。ムハンマド・アリーは生涯において多く（少なくとも八人から一〇人）の女性との間に一七人の息子と一三人の娘をもうけたといわれるが、正妻はアミーナ一人であった。

アミーナはムハンマド・アリーとの間に、二人の息子、▲イブラヒーム、アフマド・トゥースンと二人の娘をもうけた。二人の息子は父の手足となって活躍したが、父よりも長く生きることはなかった。

彼は無類の清潔好きであり、毎日頭を剃り、毎朝長時間をかけて風呂にはいるのを日課とした。質素な服しか身に着けず、その装いは、彼の息子たちや宮廷人たちの華美に飾り立てた服装と好対照であった。性格はきわめて快活。真のオスマン帝国貴族の優雅で洗練された身のこなしをもっていたが、そこに少しもわざとらしさがなかったという。

しかし、これは虚勢をまじえたものであったに違いない。というのも、多くの同時代人によれば、ムハンマド・アリーはアルバニア語と少しのトルコ語しか話せなかったからである。身分や教育の低さへの劣等感が、彼を上記のよう

▼ムハンマド・アリーの息子たち
ムハンマド・アリーは生涯において一七人の息子をもうけたといわれるが、歴史上、彼の息子として名前があがるのは、正妻との間の息子であるイブラヒーム（一七八九／九〇～一八四八）とアフマド・トゥースン（一七九四～一八一六）、側室の間に生まれたサイード・パシャ（一八二二～六三）の三人である。この三人の息子は父ムハンマド・アリーの意を受けて、当時のエジプト軍を指揮して海外遠征に活躍した。とりわけ、長男イブラヒームはその豪快な性格から、ムハンマド・アリーの後継者として期待され、実際に一八四八年、第二代エジプト総督に就任したが、父より早く急逝することになる。

●――ムハンマド・アリーの肖像画

●――ムハンマド・アリー朝の紋章
ムハンマド・アリー朝の正式な政体は、一八〇五年のムハンマド・アリーのエジプト総督就任から一九一四年まではオスマン帝国のエジプト州(統治者の正式名称はワーリーあるいはパシャ、一八六七年以降はヘディーウ〈副王〉)であり、一九一四年から二二年まではイギリスの保護国(統治者の正式名称、スルタン)、二二年から五三年までは王国(同、マリク)であった。この紋章は、一九二二年から五三年までのエジプト王国時代のものである。

●――ジャバルティーと同時代のエジプトのウラマー
右からスレイマーン・アル＝ファイユーミー、アブドルハッラー・アル＝シャルカーウィー、ムハンマド・アル＝マフディー、ハリール・アル＝マクリー。

な立ち居振る舞いに駆り立てていたのではないかと思われる。彼は生涯において一度しかオスマン帝国の首都イスタンブルを訪問しなかったが、彼が眠るムハンマド・アリー・モスク(カバー裏写真参照)はイスタンブルのアヤ・ソフィア・モスクを模したものである。

ムハンマド・アリーのライバルたち

ムハンマド・アリーはその統治において、矢継ぎ早にそれまでの体制を破壊する政策を打ち出していく。しかし、その歴史への登場が唐突であったわけではない。彼には、先行者たちがいた。エジプト土着の有力者たちであり、そのなかでもアリー・ベイ▲である。

一五一七年にオスマン帝国に征服されて以来、エジプトはオスマン帝国の属州であった。しかし、その当初から、オスマン帝国のエジプト支配は間接支配に近かった。エジプト総督は「スルタンの代理」として特別な地位を与えられたが、実際の仕事は毎年一定の貢納金をイスタンブルに送ることにかぎられた。実質的な支配者はベイと呼ばれた土着の有力者たちであり、その多くはオス

▼**アリー・ベイ**(?〜一七七三)　十八世紀エジプトにおける有力マムルーク。

▼**露土戦争**　第一次戦争(一七六八〜七四年)、第二次戦争(一七八七〜九二年)。第一次戦争後に締結されたキュチュク・カイナルジャ条約は、オスマン帝国とヨーロッパ列強との関係を決定的に変えることになった。この条約によって、ロシアにボスフォラス・ダーダネルス海峡での商船通行権とイスタンブルにおけるギリシア正教徒に対する保護権が与えられたからである。

マン帝国に打倒されたはずのマムルークであった。十七世紀の中葉になると、彼らは二つの派閥に分かれて権力闘争を展開するようになる。かくして、彼らの最有力者は「くにの長」を意味するシャイフ・アルバラドを名乗るようになる。

一七六〇年、アリー・ベイ（彼は「大ベイ」〈アリー・ベイ・カビール〉と呼ばれるようになる）が権力闘争に勝ちぬき、シャイフ・アルバラドとなる。彼は権謀術数のかぎりをつくしてライバル、同僚たちを蹴落としていく。アリー・ベイの権力は比類ないものになり、一七六九年には、露土戦争▲に忙殺されるオスマン帝国に対して反旗を翻し、公然とエジプトの独立を宣言するまでになった。

彼の野心はシリアへも向かった。一七七一年、アリー・ベイとアッカー▲の支配者ザーヒル・アルウマル▲の連合軍がダマスクスを攻略した。しかし、その直後、彼の第一の子飼いマムルークによって追い落とされてしまった。その後もマムルーク間の権力闘争はとどまらず、一七八四年には、二人の有力マムルーク、イブラヒーム▲・ベイとムラード・ベイによる二頭政治が展開されるようになる。

▼アッカー　アッコ、アクルとも表記される。イスラエル北部の港町。古い歴史をもつ。一一〇四年、十字軍がこの町を攻略し、一二九一年にマムルーク朝が征服するまで、十字軍の重要拠点であった。一七四五年、在地の有力者、ザーヒル・アルウマルの支配下において、港町として栄えた。

▼ザーヒル・アルウマル（?〜一七七五）　ガリラヤ地方の豪族。徴税請負権の集積によって台頭する。アッカーを中心としたパレスチナからレバノン沿岸部にかけて支配した。

▼イブラヒーム・ベイ（一七三五〜一八一七）　マムルークのアミール。グルジア出身。一七九一年以降、ムラード・ベイとともにエジプトの事実上の支配者となった。一七九八年、ナポレオン率いるフランス軍とのカイロ近郊での戦いに敗れた。

▼**ハサン・パシャ**（一七一三〜九〇）　オスマン帝国の軍人。若くしてアルジェリアで活躍。露土戦争、対ハプスブルク帝国戦で名声をあげる。一七七〇〜八九年、帝国艦隊提督。七三年、海軍士官学校を創設。七五年以降、東地中海地域の諸反乱をおさめ、八六年にはエジプトでの中央政権支配の強化のためエジプトに派遣される。一七八九年、大宰相に就任。

▼**ワッハーブ派**　ムハンマド・ブン・アブドルワッハーブ（略してワッハーブ）によって開始されたイスラーム改革運動。預言者ムハンマドの時代をイスラームの原点とし、それ以降、イスラームの教えにまぎれ込んだすべてをビドア（逸脱）として排斥し、預言者の時代の純粋なイスラームに帰れと主張する、著しく復古主義的な宗派。

そして、この政治体制は、一七八六年から翌年にかけての、エジプトにおける中央集権的統治の再建をめざしたオスマン海軍の大提督ハサン・パシャ▲のエジプト遠征をはさんで、ナポレオンのエジプト遠征まで続くことになる。

オスマン帝国に対する愛憎なかばする感情

このように、ムハンマド・アリーは、ナポレオンのエジプト遠征という大きな事件を背景にもっていたものの、十七世紀後半以降の、宗主国オスマン帝国とそれからの独立をはかる属州エジプトの政治的なかけひきという歴史的な文脈のなかで登場した。土着か否かの違いはあるが、彼がエジプト民衆にとって異民族の支配者であることはマムルークと同じであった。

それゆえに、彼がエジプトで権力を確立するためには、まずライバルたちとの権力闘争に勝たねばならなかった。そして、ムハンマド・アリーはそれに勝ったのであるが、その方法はいかにも乱暴で「伝統的」なものであった。マムルーク勢力を虐殺によって、物理的に排除したのである。

一八一一年、ムハンマド・アリーは、ワッハーブ派▲掃討を目的としたアラビ

マムルークの一掃　中央左がムハンマド・アリー。城塞内のマムルークをいっきょに虐殺しているようす。

ア半島遠征軍の壮行を祝す式典を催すとカイロ在住のマムルークたちを城砦(現在、そこにムハンマド・アリー・モスクが建っている)に招集し、彼らが城砦にはいるや門を閉め、彼らを虐殺したのである。この時点でも、カイロ以外の地方はマムルークたちの支配下にあったが、この虐殺によって、ムハンマド・アリーの権力は確たるものになった。

また、権力の確立後、オスマン帝国からのエジプト独立をめざした点においても、彼のこれまでのライバルたちと同じであった。エジプトは国際法上ではオスマン帝国の属州にすぎなかった。実際、ムハンマド・アリーはオスマン帝国の指示で政策、とりわけ海外政策をおこなった。さらに、ムハンマド・アリーは、すでに述べたように、オスマン帝国に強い共感をもち、その文化にあこがれていたこともまちがいない。

ムハンマド・アリーのオスマン帝国に対する感情は愛憎なかばするものであった。ムハンマド・アリーは生涯に一度しかオスマン帝国の首都イスタンブルをたずねなかった。このことは、イスタンブルをたびたび訪れ、そこに住まいをもった彼の後継者たちとは対照的であった。そのため、ムハンマド・アリー時代のエジプトを独立国家として叙述すべきか否かについては議論がある。しかし、国際法上の立場がどうであれ、ムハンマド・アリーの独立国家エジプトへの希求ははっきりしていた。次の言葉は、ムハンマド・アリーのオスマン帝国に対する認識と彼のエジプト統治の方針をはっきりと示している。

私は(オスマン)帝国が崩壊へ日々向かっていることをよく知っている。……その跡に、私は巨大な王国を建てる。……チグリス・ユーフラテスまで。

(ドゥアン『ムハンマド・アリーへのフランス軍事使節　ベリヤール将軍とボワイエ将軍の書簡』)

デルタ・バラージュ(右、一八六五年。左、現代。三四頁参照)

②—「ナイルの賜物」の国の変貌

自然灌漑システム

エジプトは、降雨量がかぎりなくゼロに近い国である。そこで、そこでの生活は、砂漠地域での地下水にもとづくオアシス経済を除けば、ナイルに全面的に依存してきた。紀元前三〇〇〇年、四〇〇〇年の古代王朝の時代から十九世紀の近代まで、ナイルの水を使った灌漑は、「ベイスン灌漑」と呼ばれてきた。それは、年一回、氾濫するナイルの水を、堤(ジスル)にかこまれた広大な耕地区画(ベイスン、アラビア語でハウド)に引くシステムである。

そこでは、住民はナイルの氾濫周期に完全に従って生活していた。ナイルの氾濫に人工的に手を加えるという発想はなかった。ところが、ムハンマド・アリー時代になって、エジプトではじめて、ナイルの水を人工的に管理し、運営しようという発想が生まれ、現代にいたっている。それは、ナイルの水に依存しているという状況は同じながら、住民とナイルとの関係がナイルに従うものからそれを管理するものへと一八〇度転換したことを意味する。そして、この変更はエジプト人の生活の歴史において、もっともドラスティックな変化をもたらした。

「ベイスン灌漑」では、ナイルの水は泥土(シルト)とともに耕地区画へ引かれるが、泥土には高い養分が含まれていた。したがって、耕地が冠水している間に泥土が沈殿し、肥料をほどこす必要はなかった。耕地に冠水した水は約一カ月後、氾濫期が終わりナイルの水位が低下するのに応じて、ナイルにもどされるが、そのさいに、農耕にとってもっとも障害となる土壌の塩分を洗い去ってくれる。紀元前五世紀のギリシアの歴史家ヘロドトス(一二頁参照)はこの灌漑システムについて、次のように述べている。

実際現在のところは、この地域の住民は、あらゆる他の民族やこの地域以外に住むエジプト人に比して、確かに最も労少なくして農作物の収穫をあげているのである。鋤で畦を起したり、鍬を用いたり、そのほか一般の農民が収穫をあげるために払うような労力は一切払うことなく、河がひとりでに入ってきて彼らの耕地を灌漑してまた引いてゆくと、各自種子をまいて畑に豚を入れ、豚に種子を踏みつけさせると、あとは収穫を待つばかり。

●—**上エジプトのベイスン灌漑と通年灌漑**（二十世紀前半。年を特定できず）
左図で線でかこまれた一つ一つの区域が、灌漑・耕作の単位となったベイスン。右図は上エジプト北部にみられる、ベイスンを貫くように建設された人工運河網。

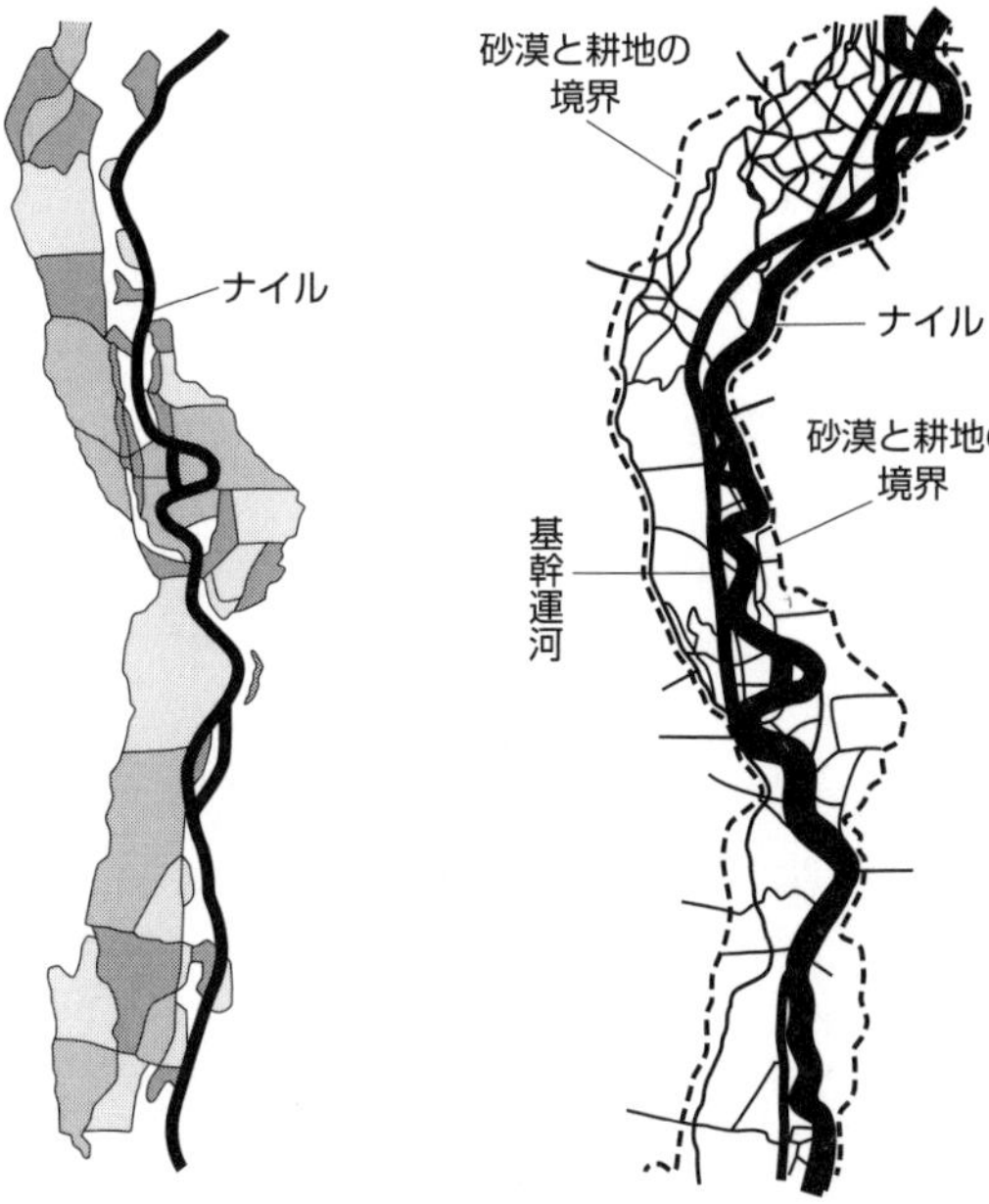

●—**上エジプト灌漑図**（一九三三年）　濃い枠でかこまれているのがベイスン。

それから豚を使って穀物を脱穀し、かくて収穫を終えるのである。

（ヘロドトス『歴史』）

こうした恵みに、ナイルの氾濫期と麦を中心とした主要農産物の播種期がかさなるという偶然が加わる。以下は、中世の旅行家イブン・バットゥータの言葉である。

このナイル川の不思議なことの一つは、それが増水を始めるのは、他の諸河川が減水したり、涸れたりする大暑の頃であって、それが減水を始めるのは、他の諸河川が増水したり、洪水を起したりする時期と一致していることである。……ナイルが増水を開始する時期は、ハズィーラーンの季節、つまり六月である。その増水が一六ズィラーに達する場合には、スルタンのハラージュ税（地租）は「過不足のない」完璧な量に達する。さらに一ズィラーずつ多く増水すれば、［エジプトの］その年は豊作となり、万事に安泰な年となる。しかし一八ズィラーに達すれば、田畑に損害を与え、疫病を引き起こす。反対に、もし一六ズィラーより一ズィラーでも足らなかったならば、スルタンのハラージュ税は減少することになる。そして、も

▼イブン・バットゥータ（一三〇四〜六八／六九または七七）　モロッコのタンジェ生まれの旅行家。一三二五年のメッカ巡礼を皮切りに、中東、中央アジア、インドなど世界各地を旅行し、中国にも訪れたといわれる。その著書『旅行記』は、十九世紀にヨーロッパにも紹介され、各国語に翻訳されている。

▼ハズィーラーン　レバノン・シリア西暦における第六月の名前。一月から十二月までを列挙すると、次のようになる。カーヌーン・アルサーニー、シュバート、アーザール、ニーサーン、アイヤール、ハズィーラーン、タンムーズ、アーブ、アイルール、ティシリーヌ・アルアッワル、ティシリーヌ・アルサーニー、カーヌーン・アルアッワル。

▼ズィラー　長さの単位。キュービットと同じく、肘から指先までの長さを指す。中世のカイロでは、約五八センチ。

●――二十世紀初頭のナイルの氾濫

●――二十世紀初頭におけるガルビーヤ県のカルヤ

●――二十世紀初頭におけるガルビーヤ県のイズバ

し二ズィラーが不足したならば、人びとは雨乞いをしたり、大変な災害を引き起こす。

（イブン・バットゥータ『旅行記』）

この文章にみるように、エジプトの作物の生産高は、その年における氾濫時のナイルの水位によって決まった。それゆえに、氾濫時のナイルの水位は、エジプトの統治者にとって最大の関心事であり、耕地にナイルの水を引きいれるための水路の整備には意を用いた。この灌漑システムにもとづく農耕は住民とナイルの究極の共存を実現しており、まさに「ナイルの賜物」であった。しかし、歴史とは皮肉なもので、この「ナイルの賜物」が近代において、経済力上昇の足かせになる。

人工灌漑システムへの移行

ムハンマド・アリーの時代は、ヨーロッパにおいて、技術礼賛の時代であった。その影響はエジプトにもおよんでおり、新しい産業国家の建設をめざすフランスのサン・シモン学派▲は、エジプトにその実験場を求めていた。この近代的技術への信仰の高まりのなか、何千年もの間続いていた「ベイスン灌漑」が

▼後期サン・シモン学派　フランスの社会主義思想家、サン・シモン（一七六〇〜一八二五）が唱えた産業社会論は、十九世紀の前半から中葉にかけて、エジプトの国政に大きな影響を与えた。とりわけ、後期サン・シモン学派の教祖的存在であったアンファンタン（一七九六〜一八六四）はフランスでの産業国家建設に見切りをつけ、ピラミッドとスフィンクスを建設したエジプトでの純粋な産業国家の建設を夢みた。一八三三年、彼は新たな活動の地を求めてエジプトに行き、そこで二年間滞在した。その間、ムハンマド・アリーに、スエズ運河掘削計画を含む公共事業に関する進言をおこなった。図版はアンファンタン。

みなおされることになる。

そもそも、エジプトには農業での高い生産高を保証する水と太陽光はふんだんにある。ナイルは年一回の氾濫でもエジプトに高い収穫高をもたらしたが、その水と輝く太陽があれば、年数回の耕作による、より多くの農産物の収穫をエジプトにもたらすことは確実であった。そのため、年一回の氾濫時だけではなく、一年をつうじて耕地に水を引きいれる灌漑システムが要請された。

また、この要請は、近代という時代の特徴を反映することによって、緊急な性格をおびた。つまり、近代という時代は、経済力を農業以上に、付加価値の高い商品を生み出す工業にもとづかせるようになった。そのため、工業力の水準がその国の経済力をはかるバロメーターとなる。このことをよく認識していたムハンマド・アリーは、工業の振興を望んだ。

当時の花形産業は繊維業であった。そこで、ムハンマド・アリーはまず亜麻に注目した。それが伝統的な繊維産業であったからである。ついで、絹に注目し、レバノンの養蚕技術の導入をはかった。しかし、それは風土の違いもあって、失敗した。行き着いたさきが、綿であった。

ナイルの水位を調節するデルタ・バラージュ水門とその記念メダル

しかし、ここに重大な問題が持ちあがる。綿織維工業を振興させるためには原材料としての綿花の確保が必要となる。綿花の栽培には大量の水を必要とするが、この点では、ナイルの水は無尽蔵である。問題は、その作付け時期である。綿花は麦などの主要作物の裏作、つまり夏作物で、ナイルがもっとも減水している時に植えつける作物だからである。

かくして、エジプトは何千年もの間続いた伝統的な灌漑システムを放棄することになる。ベイスン自然灌漑システムから通年人工灌漑システムへの移行として知られている灌漑システムの変更である。それは最終的には一九六〇年代初めのアスワン・ハイダムの完成までの長い過程であるが、そのなかで、ナイルの水位はカイロ近郊のデルタ・バラージュ(カナーティル・ハイリーヤ)に代表される水門などで管理され、ナイル流域には夏運河と呼ばれた用水・排水運河が縦横に張りめぐらされるようになる。

農村の景観変貌

十九世紀以前の時代において、エジプトに存在した集落は単純な条件のもとで立地していた。つまり、ナイルは年一回、規則的に氾濫を繰り返したが、エジプトの集落は、この氾濫時に冠水しない小高い場所（マウンド）につくられたのである。その結果として、エジプトの集落は長期にわたってほぼ同じ場所に立地した。また、集落はいわゆる集村形態をとり、その規模は大きくなった。かくしてエジプトでは、この自然に形成された集落、つまり自然村が、地方行政の末端単位としての行政村として機能した。

十九世紀以降の人工灌漑システムへの移行は、この伝統的なエジプト集落の立地のあり方を大きく変化させた。ベイスンをかこんでいた堤は壊され、ベイスンと呼ばれる耕地も、規模の小さな、同率の土地税が課される耕地単位となった。また、ナイルの氾濫で耕地が冠水することがなくなったため、集落が低地にあった耕地にも建設されることになった。

とりわけこの種の小集落が建設されたのは、灌漑システムの移行によって耕作が可能となった砂漠に隣接する開墾地域に展開した資本主義的な綿花農場においてであった。もちろん、こうした事態が本格的に展開するのは、ムハンマド・アリーの後継者たちの時代である。しかし、その基本的な枠組みと流れをつくったのはムハンマド・アリーであった。

こうして「新しい村」が次々と生まれた。伝統的な「古い村」はカルヤと呼ばれたが、この「新しい村」はイズバと呼ばれた。「新しい村」建設の多くは、「古い村」である本村あるいは母村からの分村というかたちをとった。その数は、人口の顕著な増加を背景にして、ふえ続けることになる。そのなかで、エジプトの農村風景は一変することになった(三一頁参照)。

インフラ整備

ナイルの人工的な管理は集落の立地や形態のほか、エジプトの移動手段にも大きな変化を与えた。それまでは、陸路での治安の悪さもあって、長距離のヒトとモノの移動は、ナイルと大規模な運河による水路に拠っていた。ところが、通年灌漑への移行によって、冠水しない耕地がふえたため、道路を敷設するのが容易になった。

こうした道路網の整備は、エジプトの地域社会での中心の移動をもたらした。水路によってヒトとモノが移動している時代には、水路ぞいに大きな中心とな

▼タンタ　ナイルのダミエッタ支流とロゼッタ支流との間、カイロとアレクサンドリアの中間に位置するナイル・デルタ中部の中心都市。近代において商品作物、綿花の集散地として発展した。また、門前町としても栄え、イスラーム神秘主義教団(タリーカ)の有力教団アフマディーヤの拠点でもある。

▼ザガジーク　首都カイロから北北東に七六キロ、ナイル・デルタ東部の中心都市。近代以降、ベイスン自然灌漑から通年人工灌漑への移行にともない、肥沃な農耕地帯での綿花、穀物交易の中心地として発展した。

▼アレクサンドリア　地中海に面した、エジプト第二の都会。アレクサンドロス大王がエジプト征服のおり、紀元前三三一年、この地に軍事拠点を設けたのが始まり。大王の死後、エジプトに拠ったプトレマイオス朝(前三〇六〜三〇年)の首都となり、その後、ヘレニズム期における最大の都市として繁栄した。六四六年、アラブ・イスラーム軍に征服されたあとも、東西貿易の中継によっ

て発展した。一五一七年、エジプトがオスマン帝国の支配下にはいると、それまでの繁栄は失われた。しかし、十九世紀の前半、ムハンマド・アリーの時代に、エジプトのヨーロッパへの玄関口として、ふたたび、繁栄を取り戻すことになった。

エジプト主要都市の人口推移

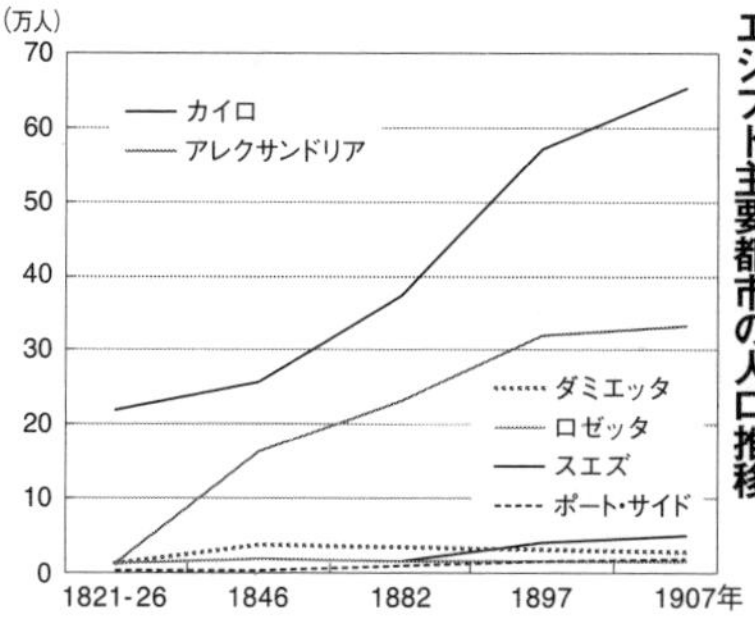

▼マフムーディーヤ運河　物資と飲料水をアレクサンドリアに輸送・供給するため、カイロのナイル湖畔のブーラークとアレクサンドリアを直接に結ぶ全長八〇キロあまりの運

る集落が形成されていた。ところが、道路が敷かれるようになると、中心地となる集落は水路ぞいである必要はなく、例えばより農産物の生産地に近い場所に形成されることになる。

デルタ中部の綿花集積地であるタンタ▲や、デルタ東部の砂漠に近い農産物の集積地であるザガジーク▲などは、こうして発展した。また、経済事情の変化と交通網の完備があいまって、新しいエジプト社会の中心が形成されることにもなる。その典型が、アレクサンドリア▲である。

アレクサンドロス大王の名前をいただくこの都市は、オスマン帝国の支配下にあって、ヘレニズム時代と中世における繁栄は失われ、十八世紀の末にナポレオンがエジプト遠征をした時には、人口数千の小さな町でしかなかった。それが、グラフに示されるようにムハンマド・アリーの時代に、カイロにつぐ、エジプト第二の都会へと急成長する。

それは、ナイルからアレクサンドリア市民へ飲料水を運ぶマフムーディーヤ運河▲の建設とともに、そこにエジプトの輸出向け商品を集め、販売するための社会インフラを集中的に整備したからである。アレクサンドリアはヨーロッパ河。一八〇七年から二〇年にかけて建設された。

ラアス・アルティーン宮殿　アレクサンドリアの地中海に面した宮殿。一八三四年に建設着工、四五年に完成。ムハンマド・アリーはこの宮殿で、多くのヨーロッパからの使節や要人をむかえた。ムハンマド・アリー朝の最後の支配者、国王ファルークが一九五三年、イタリアのナポリに旅立つ前に、廃位のサインをしたのも、この宮殿である。

への玄関口となり、多くの外国人が居住する国際都市になった。また、そこは暑いカイロを避け、夏の間、宮廷と政府官庁が移動した場所でもあった。ムハンマド・アリーが外国の外交団と多く接したのも、彼が死んだのも、アレクサンドリアにおいてであった。

産業立国への志向

ムハンマド・アリーは近代における国力の前提が経済力にあり、それは工業力によるということをよく理解していた。そこで、経済の工業化がはかられたが、その財源は当然のことながら、豊かな資源をもつ農業部門から確保せざるをえない。そのため、彼は権力の座につくや、農村を支配していた徴税請負人層の排除をおこなった。有力な徴税請負人たちはマムルークであったために、この措置は、ムハンマド・アリーのライバルたちを排除する手段でもあった。

そのうえで、農業の国家独占に象徴される、エジプトの農業資源の国家による直接管理・経営をめざした。こうした農業政策はムハンマド・アリーがはじめておこなったものではなく、先行者がいた。さきに指摘したアリー・ベイ

（二二一頁参照）である。その意味において、ムハンマド・アリーの施策自体は「伝統的」なものであった。しかし、それは「近代」という時代を反映して、その規模において「伝統」をはるかにこえるものとなった。

農地の国有制

ムハンマド・アリーの農業政策の「近代性」をもっとも典型的に示すのが、彼の農地の国有制へのこだわりである。彼は、さきに指摘したように、農村を支配していた徴税請負人層の排除をおこなった。それは農業資源の国家による直接管理・経営をめざしたものであったが、この措置自体は決して新しいものではない。彼の施策の新しさは、それを農地の「所有権」の所在にもとづかせたことである。

もっとも、イスラーム世界には伝統的に農地に対する国有観念があり、農地の国有宣言が新しかったわけではない。ムハンマド・アリーの新しさは、農地の国有制をヨーロッパ近代的な「私有権」の文脈でおこない、その後の農業政策のすべてを農地の所有権の所在にもとづかせて正当化したことである。

▼**徴税請負人層**　イルティザームと呼ばれた徴税請負制度とは、徴税額の前納を条件に、徴税請負人（ムルタジム）に一定額の徴税権とそれを実行するために必要な行政的な便宜が与えられた制度。中央集権的な統治がおよばない時代や地域において広範にみられ、有力者たちはこの制度を介して、富と権力を蓄積した。

伝統的な農地の国有概念で問題となったのは農民の具体的な耕作義務であって、その義務がはたされるかぎり、抽象的な土地に対する「権利」は問題とされることはなかった。農民の権利義務関係が抽象的な「所有権」にもとづいて規定されることはなかったのである。

おそらく、ムハンマド・アリーはそれをヨーロッパ近代的な「私有権」を意識しておこなったのではないであろう。彼はそれを先行者にならって、伝統的な観念のもとでおこなったと思われる。したがって、さきに指摘した彼の新しさは意図したものではなく、時代状況が結果として、彼に新しさをもたらしたと考えるべきである。

農業政策

こうしたムハンマド・アリーの土地政策は、エジプトの農民を「パシャ(総督)の小作人」とした。彼の農業政策は、この枠組みのもとで考えると理解しやすい。農民はその時点で耕作している土地が所属する村を「本籍」として定められ、そこから自由に居住を変えることは許されなかった。

国家は農地の検地をおこない、農民には農地を国家からの分与というかたちで与え、それを土地台帳に登録した。そのうえで、農民には耕作を条件に、そこでの土地保有を認めた。エジプトで最初の近代法とされる一八三〇年の『農業法』には、以下のような文言がみられる。

夏作物と冬作物の栽培に注意を払わず、冠水した土地の犂あるいは鍬での整地、雑草除去、土地の灌漑、その他耕作に必要な措置を怠るなど、やるべき義務を行わない者については、もしこうした理由によって耕作に不都合が生じたならば、それが初めての場合には、責任者に対して警告が出される。そして、もし彼がその警告を無視し、再び当該行為を行ったならば、二回目には五〇回のムチ打ちの刑が、三回目にも同じ回数のムチ打ちの刑が、彼に対して科せられる。

（『農業法』第五条）

作物についても、農民が自由にその決定をすることは許されず、綿花などの商品作物から主要作物である小麦にいたるまで、作付けの強制がなされた。強制された作物は国家によって公定価格で独占的に買いあげられ、その多くはアレクサンドリアの国際市場において売却された。

工業政策

ムハンマド・アリーの経済政策は、農業部門からの富を国家が一手に取得し、この富を国家の指令のもとに、強力な近代的軍隊の創設と国営の近代的工場の開設と運営に向けようとする富国強兵・殖産興業政策であった。そのため、工業政策の最重要部門は軍事産業であった。

もっとも大きな工場は、アレクサンドリアに設立された造船所と兵器廠からなる軍需工場(アーセナル)であった。その運営は強制労働力にもとづくものであり、当時の犯罪にともなう罰則規定のなかに、青ナイル上流のファズグリーの金鉱山▲と並んで、この工場での強制労働が組み込まれ、多くの政治犯や刑事犯がそこで働いた。

ムハンマド・アリーが工業政策として力をいれたもう一つは、繊維産業の振興であった。それは彼のエジプト近代化政策と深く関係していた。繊維産業の振興が輸入代替をめざした工業化政策であり、国内の軍や各種学校の制服の製造を大きな目的としていたからである。

さきに灌漑システムの変更を論じたさいに言及したように(三二頁参照)、繊

▼**金鉱山**　スーダン遠征によって、スーダンにあるいくつかの金鉱山がムハンマド・アリーの支配下にはいった。その最大のものが青ナイル上流の山岳地帯にあるファズグリーの金鉱山であり、エジプトからの流刑囚によって採掘された。

●――**アーセナル**（海軍工廠）　イギリス軍の海軍力を目のあたりにして、ムハンマド・アリーは強力な海軍の建設をめざしたが、その中心はアレクサンドリアでの建設であった。

●――**スレイマン・パシャ**（一七八八〜一八六〇）　ムハンマド・アリーのお抱えヨーロッパ人。セーブ大佐としても知られる。フランスのリヨン生まれ。ナポレオンのエジプト遠征に士官として従軍し、イスラームに改宗する。フランス軍の撤退後もエジプトに残り、エジプト軍の近代化に尽力した。カイロで死亡。

●――**クロ・ベイ**（一七九三〜一八六八）　ムハンマド・アリーのお抱えヨーロッパ人。フランスのグルノーブル出身のフランス人医師。ムハンマド・アリーの主治医となる。近代的病院や医学校を設立し、エジプトにおける近代医学の父となる。その功績から、ベイの称号を与えられる。著書『エジプト概観』（一八四〇年）はムハンマド・アリー時代の歴史にとって、貴重な同時代資料である。

▼ジュメル綿　一八二〇年、フランス人ルイ・アレックス・ジュメルによって開発された品種の綿花。長繊維で良質であるため、近代エジプトにおける主要商品作物となった。

維として当初は亜麻が注目された。亜麻はエジプトの伝統的な農産物であり、エジプト産の亜麻織物は有名で、輸出もされていた。ついで、より付加価値の高い繊維として絹が取り上げられた。そのために、当時エジプト軍の支配下におかれていたレバノンから、養蚕技術や絹織物の職人がエジプトにつれてこられた。しかし、気候の違いもあって、養蚕はエジプトに根づかなかった。

そして、最終的にたどりついたのが綿であった。インド綿が短繊維であったのに対して、ジュメル綿▲として知られたエジプト綿は長繊維で良質であった。ムハンマド・アリーは農民に綿花の強制作付けを命じ、エジプト綿を原料にしていくつもの綿繊維の国営企業を立ちあげた。

工業振興は、農業振興のような良い結果をえられなかった。それでも、ムハンマド・アリーはエジプト商品の海外輸出に努めた。スーダンなどの対外拡張策も、エジプト商品のための海外市場の獲得という経済的目的が大きかった。農産物であれ工業生産物であれ、輸出向け商品はアレクサンドリア市場に持ち込まれたが、そのために国内のみならず対外的な交通網が整備された。

一八三五年にはアレクサンドリア・マルセイユ間に、翌年の一八三六年にはスエズ・ボンベイ(ムンバイ)間に、蒸気船ルートが開設された。

税制改革

ムハンマド・アリーはまた、財源確保のためにいくつもの税制改革をおこなった。それを一言で述べれば、それまでの重層的で間接的な徴税制度を整理し、国家による一元的で直接的な徴税制度を確立することであった。それは、国家と住民との間にあった村やギルド▲のような中間的な組織や団体を国家の直接的な支配のもとにおき、住民を個人として把握・管理しようとする国民国家における当然の施策であった。

そこで、ムハンマド・アリーは農業資源を確保するため、科学的な土地測量によって農地面積を確認し、それを村単位に所属耕地(ジマーム)として記載する土地台帳や租税台帳を作成した。また、エジプト国民の人口数の把握に努め、一八四六年には、エジプトで最初の全国規模での人口調査が実施された。

こうして、農業部門においては、すでに指摘したように徴税請負制を廃止したうえで、社会身分や特権にもとづく税率や税の徴収方法のばらつきをなくし、

▼ギルド　イスラーム都市のギルドは職能団体であるとともに、ハーラ(街区)と並んで、都市住民に対する行政・徴税の単位としても機能した。イスラーム都市では、職人のみならず商人やそのほかの雑多な社会集団までもがギルドとして組織されていたことで、職人組合の場合、十九世紀をつうじて大きな社会的役割を担ったが、十九世紀末から二十世紀初頭にかけて、ヨーロッパ製品の流入の結果、急速に衰退していった。

▼**ハーラ**　マハッラともいう。アラビア語で「袋小路」の意味であるが、それを共有する居住空間をも指したため、街区と訳されることもある。整然とした近代的な新市街と違い、イスラーム都市の旧市街は、多くのハーラからなる迷路のような居住空間であった。十九世紀の近代においても、ハーラの長(シャイフ)が任命され、都市住民の行政・徴税の単位ともされた。

土地測量にもとづく一元的な税率確定をめざした。税徴収の一元化への志向は、工業部門や流通部門においても同じであった。国営企業については国家の直接管理下にあったが、伝統的な産業の担い手である職人や商人に対しては、ギルド組織や地区(ハーラ)▲を介した把握に努め、一元的な税率確定を試みた。

モノの移動にともなう通行税や流通税も、産業の国家独占を背景に、海外との取引についてであれ国内での取引についてであれ、国家の一元的な管理のもとにおこうと試みた。また、都市部においては、宗教・宗派の違いに関係のない、個人の資産や所得に応じた新税の導入に努めた。

③—国家機構の整備

行政機構

いかに国の統治者の理念が立派であり、国の資源が豊富であろうと、強力で効率的な統治機構がなければ近代国家の運営は不可能である。その中核をなしたのは、行政官僚機構と軍隊制度である。

当時、エジプトは国際法的にはオスマン帝国の属州であり、ムハンマド・アリーはオスマン帝国スルタンによって任命されたエジプト総督であった。しかし、エジプトに対するオスマン帝国の支配は間接的なものであり、ムハンマド・アリーは外交問題については、オスマン帝国の主張に耳をかたむけたが、国内問題については独自の政策を展開した。

ムハンマド・アリー時代の中央行政機構を整理立てて叙述するのは難しい。オスマン帝国に似せた制度をイメージしていたことはまちがいないが、ムハンマド・アリーは権力を彼個人に集中させたために、彼から独立した行政機構を育てなかった。あるいは育てる必要を感じなかった。そのため、その統治機構は、次のようなものであった。

ムハンマド・アリーは執務室を持っていない。……彼の秘書はエフェンディ▲たちからなっているが、彼らはすべて、長椅子の上に縮こまって、彼らの手のひらに書き込みをしている。……確かに、ムハンマド・アリーは(国内の)諸事万端のみならず、オスマン宮廷の諸官庁と外交機関において起きたことすべてについて、それも時には些事にいたるまで、正確に報告を受けていた。

(『エジプト副王、ムハンマド・アリー書簡集』)

統治機構の中心はマイーヤ・サニーヤ▲と呼ばれる諮問会議であった。それは文字通り「側近」を意味するが、別名「補佐協議会」と呼ばれたことが示すように、エジプト総督のそばにあって、彼を補佐する内閣あるいは諮問委員会であった。

その役目は、国政全般にわたって目を配り、通常の行政官僚機構、司法裁判制度を総合的に統括することにあった。また、同じくエジプト総督に直属するかたちで、いわば私的法律・行政顧問団として設置された立法委員会、地方行政監督庁などと並んで、通常の行政官僚機構、司法裁判制度では臨機応変に対

▼エフェンディ　語源は「主人」を意味するギリシア語アフェンディス。オスマン帝国では学者や文官の敬称として使われたが、近代のエジプトでは、西欧化した知識人も指した。

▼マイーヤ・サニーヤ　文字通りには、「側近」を意味するアラビア語。十九世紀の中葉までのエジプトでは、国政全般にわたって目を配り、通常の行政司法機関を統括する組織であった。エジプト総督個人にすべての権力が集中する行政のあり方をよく示す組織である。

処できない重要緊急司法・行政・立法業務、およびそのための情報収集活動をおこなった。

そのため、この機関は、一方では、御上の命令をすばやく伝達する上意下達として機能するとともに、他方では、末端地方行政レベルの住民の不満を陳情、異議申し立て・申請という直訴▲のかたちで吸いあげる機能をはたした。

また、ムハンマド・アリーは多くのヨーロッパ人を宮廷にかかえ、彼らの意見に耳をかたむけるとともに、近代国家エジプトの建設にあたらせた。その代表的な例が、ムハンマド・アリーの主治医であり、近代医学の普及に努めたフランス人クロ・ベイ▲であり、自らイスラーム教徒にまでなり、近代的軍隊の創設に尽力したフランス人スレイマン・パシャ▲である(四三頁参照)。

軍事制度

ムハンマド・アリーは自分が有能な軍人であることを誇っていた。独立国家の基礎に強力な軍隊があることは、彼にとって自明であった。彼はエジプトの独立を脅かすものに敏感であった。そのため、西欧思想や技術の受容には積極

▼**直訴**　イスラームの伝統的司法制度では、臣民はたとえ最高権力者のスルタンに対してでも、異議申し立てを直接おこなうことができた。その訴えの内容は公的業務に関することであり、その直訴が受理するに値すると判断された時には、行政の権限で「行政裁判所」がもたれた。

的であったが、それらに過度に依存することは避けた。それを口実にして、ヨーロッパ列強が国内問題に干渉してくることをよく理解していたからである。

　ムハンマド・アリーは強力な海軍と陸軍の創設をめざした。海軍は、オスマン帝国スルタンに対抗するために不可欠であった。一八二七年、のちに指摘するギリシア出兵でのナヴァリノの海戦▲におけるオスマン・エジプト艦隊の敗北によって、多くの軍艦を失うが、その翌年の二八年にはアレクサンドリアに造船所と兵器廠をつくり、海軍の再建をはかった。

　陸軍はムハンマド・アリーの国家建設の理念をよく示していた。強力な近代軍は有能な将校集団とよく訓練された兵士から構成されるが、ムハンマド・アリーはヨーロッパから外国将校を招聘し、エジプト人将校の教育にあたらせるとともに、若いエジプト人の軍人をヨーロッパに派遣して、最先端の戦術と武器の使い方を学ばせた。また、遊牧民を補助軍として組織し▲、彼らは正規軍以上の働きをすることもあった。

　しかし、ムハンマド・アリー軍の最大の特徴は、その膨大な数の兵士たちの存在であった。それは、一八二二年の徴兵制▲の施行によって実現した。それま

▼ナヴァリノの海戦　ギリシア独立戦争中の一八二七年十月二十日、オスマン・エジプト艦隊とイギリス・フランス・ロシア連合艦隊との間で、ギリシアのナヴァリノ湾で戦われた海戦。近代的船舶からなる後者の勝利となったが、この海戦の結果、ギリシアのオスマン帝国からの独立は決定的となり、ムハンマド・アリーは海軍の再編をよぎなくされた。

▼補助軍としての遊牧民　遊牧民は十九世紀のエジプト国家において、両義的な存在であった。彼らは中央集権的な国家体制のなかにおさまり切らない「無頼」であるとともに、その武力は近代的軍隊が十分に整えられていない時代には、正規軍の補助軍として貴重であった。実際、ムハンマド・アリーの海外遠征には多くの遊牧部族が従軍した。

▼徴兵制　ムハンマド・アリーの徴兵制による農民の徴発は過酷であった。しかし、農家経営の維持にも意を用いており、農民の徴発にさいしては、かならず農家に一人は男の働き手を残すように指示した。そう

しないと、農家経営が立ちいかなくなり、ひいてはエジプト農村の疲弊をもたらすからである。しかし、現実には、ウムダ(村長)を中心に、恣意的な農民の徴発が多くみられた。

ムハンマド・アリーのキャンプ(軍営、ハンカー)

での支配者であったマムルークを排除したムハンマド・アリーは、当初、スーダン地方からつれてきた黒人を常備軍の中核にすえようとした。しかし、彼らがエジプトの気候に合わなかったこともあって、この計画は失敗に終わった。

そこで、ムハンマド・アリーが企図したのが農民からの兵士の調達、つまり徴兵制の導入であった。それが導入されたのは一八二二年であるが、これはヨーロッパにおいても早い時期での導入であった。かくして、エジプトの歴史のなかではじめて、農民が戦線の最前列に立つということになった。農民は村単位で徴発されたが、以下は、エジプト近代医学の確立に寄与したクロ・ベイによる、農民徴発の一コマである。

> 徴兵の季節に、兵士の一団は村落の一つに赴きさえすればよい。彼らはその村落を急襲し、すかさず村民を捕獲することによって、男の住民を根こそぎにする。兵士たちは、男たちを縛った鎖にロープを通し、彼らを数珠つなぎにした後、県庁所在地に引っ立てる。男たちの母、妻、子供たちが、泣き叫び、嘆き悲しみながら、その後を追う。県庁所在地において、医者が男たちのなかから軍事奉仕に適している者を選び出す。

（クロ・ベイ『エジプト概観』）

ムハンマド・アリーも、無秩序な農民の徴発は農村における労働力を奪い、農民の生活を破壊するということはよくわかっていた。そこで、農民の徴発においても、かならず一人は男の働き手を残すように指示していた。そのため、さきのクロ・ベイの文章は相当誇張されていると考えられるが、農民が徴兵を血税として忌みきらったことはまちがいない。

農村行政

中央行政がムハンマド・アリーという個人を中心に運営されていたのに対して、地方行政、とりわけ農民の支配体制は手の込んだ、用意周到なものであった。徴税請負制度が廃止されたあとの農村支配の単位は村であった。農民は先述したように、特定の村を「本籍」として登録され、移動の自由を制限された。そのうえで、村に納税連帯責任が課され、村の所属耕地の耕作と納税に対して村民は連帯して責任を負った。また、村は徴税の単位でもあった。その長がウムダ(村長)▲であった。

▼ウムダ(村長)　一八二〇年代から三〇年代におけるムハンマド・アリーの地方行政改革の一環として導入された。それまでの村は、村の有力家系から選出された複数の村の長(シャイフ・アルバラド)によって行政が担われていた。これに対して、ウムダは一つの村に一人が任命された。同じく、国家と村民の間に立つ村役人であったが、シャイフ・アルバラドが村民の代表という側面が強かったのに対して、ウムダは文字通り、行政の末端役人として機能した。

ウムダは、一八二〇〜三〇年代に地方行政の末端単位である村の長として導入された。それまでのエジプトの村を取りまとめていたのはシャイフと呼ばれた長老であった。通常、エジプトの村は複数の親族集団によって住み分けられていたので、村の行政は複数の長老たち(マシャーイフ)によってなされていた。したがって、シャイフもウムダもともに国家と村民の間に立つ存在であるが、シャイフは村民の代表としての性格が強かったのに対して、ウムダは一つの村に一人であり、国家の村役人としての性格が強かった。以後、エジプトの村行政はウムダを中心に運営されていく。村民は「住民簿」「死亡登録簿」「徴兵登録簿」の三つの文書によって管理されたが、この三つの文書を保管し、村での行政をおこなったのがウムダであった。

エジプト国民の創設

ところで、アラブのほとんどの国家は、第一次世界大戦後、欧米列強が自分たちの国益を思惑として設定した、人工的な国境をもつ。そのため、アラブの国家について、その国民国家、国民経済の未成熟が指摘されている。そのなかにあって、エジプトは例外的に歴史的国境をもち、十九世紀以降の近代において、「国民」意識を成熟させるのに適した歴史環境にあった。すでに、十八世紀の前半には、「くにの長」を意味するシャイフ・アルバラドという言葉が使われていたことは指摘したとおりである。

しかし、近代的な国民意識は、自然にできあがるものではない。それはつくり出すものである。さきに東地中海世界の文化状況を説明するなかで指摘したように、オスマン帝国領に住む人々は言語・民族、宗教の次元で複合的なアイデンティティをもっていたものの、彼らの基底的なアイデンティティは、宗教的なものであった。この点、彼らのアイデンティティは、近代的な国民国家のそれとは対照的であった。近代的な国民国家はそのアイデンティティの根拠を、世俗的な文化概念である民族にもとづかせていたからである。

ムハンマド・アリーは、近代的な国民国家というものをよく理解していた。「国民」の創設という試みにおいて、エジプトは宗主国オスマン帝国に先んじていた。彼の考えは次の言葉に要約されている。

私は、私のすべての臣民に同じ負担を課し、同じ奉仕につかせようと決意

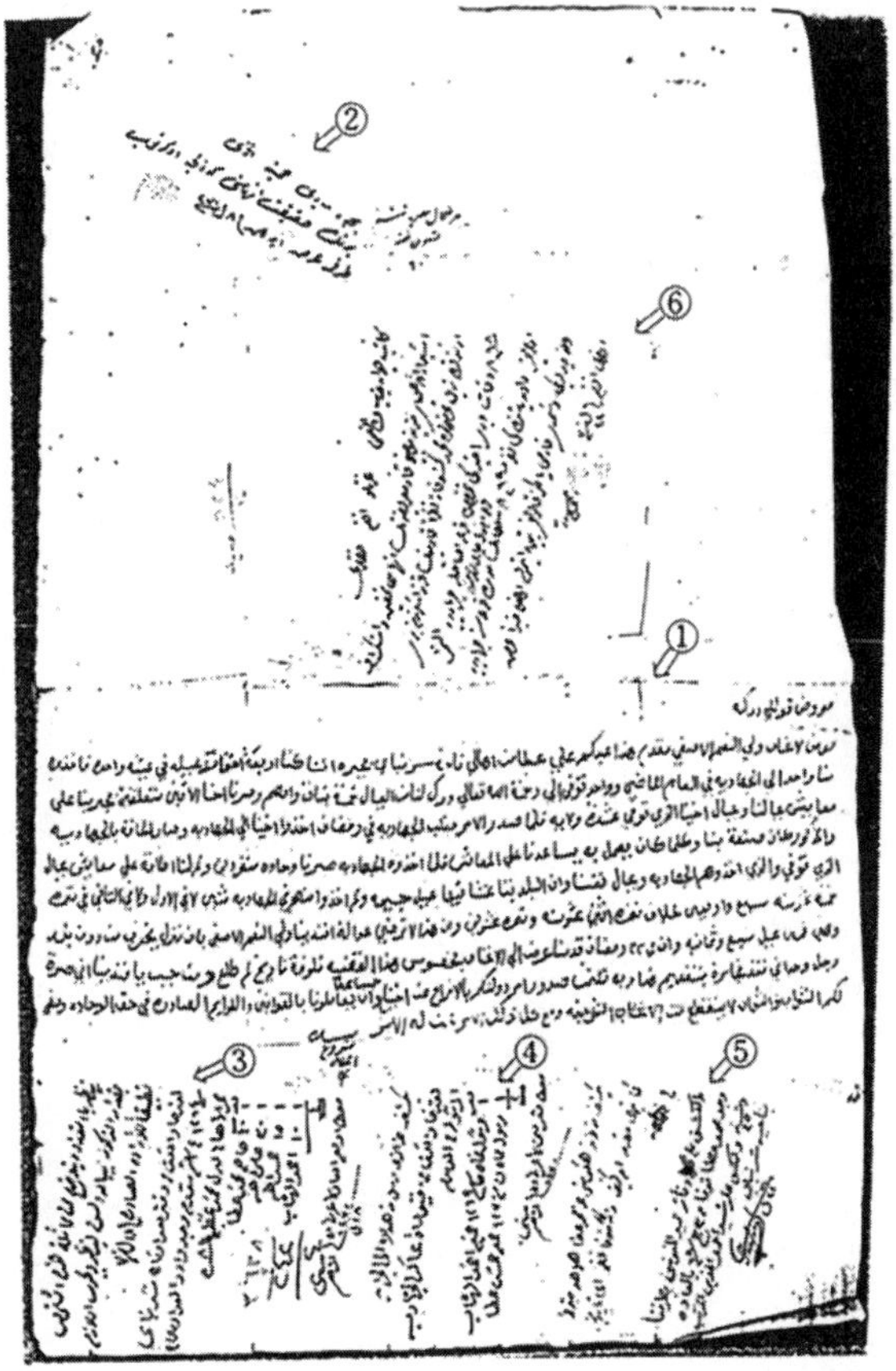

●——**農民支配のための三つの台帳**　「徴兵免除」嘆願文書は、農民の御上への直訴にこたえて実施された、当局による嘆願内容の真偽に関する調査報告書である。①は農民による「徴兵免除」嘆願文、②は当局による嘆願書受理の確認、そして、③④⑤が当局による嘆願内容の審議調査の結果報告であるが、③は「住民簿」によって嘆願人の家族構成を、④は「徴兵登録簿」によって兵士の徴発日を、⑤は「死亡登録簿」によって世帯主死亡を確認したものである。そして、⑥が以上の手続きに関する当局のトルコ語による経過報告である。そこには、「三つの台帳」による農民管理の現実が端的に示されている。

〔出典〕「徴兵免除」嘆願文書（イスラム暦一二七〇年）「エジプト総督内閣官房トルコ語局文書」カルトン番号2〔Ⅱ〕・文書番号五五四（mahfaza raqm2〔II〕wathīqa raqm554）

した。私は、シャイフ(指導的ウラマー)であれ遊牧民であれコプト(キリスト)教徒であれ、カイロの住民であれ農民であれ、そのほかの階層の犠牲のもとに、一つの階層を優遇することなどしない。すべては平等だ。

(シニアー『エジプトとマルタでの会話録と日誌』)

西欧思想の摂取

ムハンマド・アリーは近代ヨーロッパ文化の摂取に躊躇しなかった。さきに指摘したように、多くのヨーロッパ人をお抱え外国人として宮廷にむかえるほか、西欧思想と技術を習得させ、近代的軍人、官僚を育成するため、エジプト人学生をヨーロッパ、とりわけフランスに留学させた。

一八二六年におけるヨーロッパ派遣留学の引率者(イマーム)は、西欧思想の摂取に多大な貢献をしたタフターウィー▲であった。その五年間にわたるパリ滞在中に、タフターウィーは七月革命▲を目撃しフランス啓蒙思想の理解を深めるとともに、エジプト人としての自覚を強めた。以下は、その印象である。

以上から明らかなことは、フランスの王は絶対的な権力をもっていないと

▼**タフターウィー**(一八〇一〜七三)　上エジプトの村の有力者の家系に生まれ、アズハル学院に学んだ。フランスでの留学から帰国後、『エジプト官報』の編集長、翻訳局長などを務め、ナポレオン法典などの翻訳のほか、自らの著作活動もまた精力的におこなった。

▼**七月革命**　一八三〇年七月、ナポレオンの退位後、復位したブルボン家によるフランスの復古王政(一八一四〜三〇年)を倒した革命。共和主義者に率いられた職人、熟練労働者、学生などパリ民衆が市街戦を展開し、国王を退位させた。

いうこと、フランスの政治システムは法の拘束体系であり、そのもとで、王が統治権をもつのは、彼が委員会メンバーによって承認された法、彼の側に立つ貴族院、そして人民の利益を守る代議院に従って行動するという条件においてでだ、ということである。

現在、フランス人によって遵守され、彼らが政治の基礎としている法典は、彼らの王、ルイ一八世によって起草された法であり、依然として、フランス人によって遵守され、承認されている。そこには、理性的な人間である限り否定できない、多くの事柄が含まれている。

この法典が記載されてきた本は、「憲章」〔シャルト〕と呼ばれている。それは、ラテン語で「紙」を意味するが、広く解釈されて、制約法が記録されている文書を意味する。われわれは、この本を、その内容のほとんどをそこに見ることは出来ないものの、全能の神の本〔コーラン〕や預言者――神が彼を祝福し、彼に救いを与えますように!――のスンナ〔慣習〕に類するものとみなしても良いのではないか。というのも、そこに、コーランとスンナの知性が定めたものがどのようなものであるかを見るからである。そして、それは、公正〔アドル〕と衡平〔インサーフ〕▲が諸王国の文明、臣民の福祉の根拠であること、そして支配者とその臣下がそれに導かれてこそ、彼らの国は栄え、彼らの知識は増え、彼らの富は蓄えられ、彼らの心は満たされてきたということである。あなたは決して、彼らの誰一人からも、不正に関する苦情を聴くことはない。まさに、正義は繁栄の基礎である。

（タフターウィー『パリ要約のための黄金の精錬』）

また、一八二一年、カイロのブーラーク地区に、アラブ世界で最初の官立印刷所を開設した。のちにブーラーク版と称されることになる多くの各種学校の教科書や著作がここから出版され、エジプトの「文芸復興」に貢献した。

さらに、一八二八年には、これもアラブ世界で最初の新聞『エジプト官報』がブーラーク印刷所から刊行された。この新聞は当初、エジプトの当時における言語事情から、トルコ語とアラビア語の二つの言語で書かれた。

学校教育

ムハンマド・アリーは、教育こそが近代国家の基礎であると理解していた。

▼イスラームの社会秩序観　イスラームの規範は信徒共同体の秩序をもたらしたが、それは同時に支配者たちの統治の正統性を担保する基準であった。したがって、それに従わない支配者たちは社会からの支持をえることができなかった。こうした規範のなかでとりわけ重要だったのは、アドル（公正）・ズルム（不正）であり、マスラハ（社会福利）、インサーフ（衡平）であった。

そこで、西欧思想、技術の導入と並んで、積極的に近代的教育の普及に努めた。ヨーロッパ人を教師とした技術専門学校（ムハンデスハーネ）や医学校などの各種専門学校のほか、ヨーロッパ出版物の翻訳局、伝統的なイスラーム教育システム▲にかわる近代的な初等・中等学校が設立された。

以下は、近代エジプトの行政官僚であり歴史家であるアリー・ムバーラク▲の自伝からの引用である。小学校教育が当時の若いエジプト人にどう映ったかを示していて、興味深い。

私は、アンバルの前に立っている人びとのなかに、村の有力者、財産家、使用人、付き人と奴隷の一群がいることに気づいていた。私は、目の前の光景に驚いた。……どうして彼らはアンバルの前に立ち、彼の命令に従っているのだろう。私はこのようなことを、それまで見たこともなかったし、聞いたこともなかった。実際のところ、私は、〔アンバルの〕ような役人たちは、当時の慣習に従って、トルコ人のみから選ばれるものと信じていた。私は、どのような理由が重要人物を奴隷の前に立ち、彼らの手に接吻するようにさせたのか、不思議であった。そこで、私は、その理由を見つ

▼伝統的なイスラーム教育システム　伝統的なイスラーム教育では、クッタープと呼ばれた施設が児童教育、初等教育を担った。そこでは、コーランの暗唱を中心に、読み書きが教えられた。クッタープの多くはモスクに併設された。現在でもイスラーム教育の施設として機能している。クッタープのあとの高等教育はモスクに併設されたマドラサと呼ばれた施設でなされたが、授業は主としてモスクでなされた。その講義形式はハルカと呼ばれ、モスクのなかに多くのハルカが開かれ、学生たちは自分の能力に応じて受講した。

▼アリー・ムバーラク（一八二三〜九三）　近代エジプトの文人官僚。ナイル・デルタ地方の小さな村に生まれた。一八三九年からは高級官僚への登竜門である技術学校に学び、四四年にはムハンマド・アリーが派遣したヨーロッパ留学生に選ばれ、フランスにわたり、砲兵学を学ぶ。一八五〇年に帰国し、輝かしい技術・行政官僚としての人生が始まる。彼は多くの著作を残したが、主著『新編地誌』は近代エジプトに関する第一級の史料である。

けるために全力を尽くした。……略……

私は父に言った。「この役人はトルコ人ではない。彼は黒人だもの」。私の父は答えた。「彼は解放奴隷かもしれないよ」。私は言った。「奴隷はもちろんのこと、村の偉い人でさえ長官にはなっていないのに、なぜ奴隷が長官になったのだろう」。父は私に答えようとして、次のように言ったが、それは満足のいくものではなかった。「おそらく、そうなったのは、彼の性格と知識が立派だったからだろう」。私は尋ねた。「それでは、彼の知識ってどんなもの」。父は言った。「おそらく、彼はアズハル▲の学生であって、そこで学んだのだろう」。私は尋ねた。「アズハルで学べば、ひとは長官になれるの。アズハルを出るひとは誰でも長官なの」。父は答えた。「おお、息子よ。われわれはすべてアッラーの奴隷であり、至上の神アッラーは誰であれ、彼が愛でるものをこの世に遣わせた」。私は言った。「それはそうでしょう。しかし、それでも理由があるのでは」。父は私を諌めようと、逸話や（コーランの）章句を唱え始めた。しかし、私はそれらに満足しなかった。

（アリー・ムバーラク『新編地誌』）

▼アズハル　十世紀におけるアズハル・モスクの建設にまで遡ることができる、現存する最古のイスラーム学最高学府（マドラサ）。エジプトのカイロにある。当初はイスラームの少数派、シーア派の学府であったが、十二世紀にイスラームの多数派、スンナ派の学府となってからは、イスラーム学の指導的ウラマーを輩出した。現在でも、世界から留学生を受け入れ、宗教指導者、学者、裁判官などの広範なネットワークをもっている。

アリー・ムバーラクはナイル・デルタ地方の農村に生まれ、当時のすべての子どもがそうであったように、伝統的コーラン学校のクッターブでの教育を受けた。しかし、その教育は彼を満足させることはできなかった。クッターブでの教育をきらった彼は、幼くして働きにでるが、さきの文章は、働き場所の一つ、官営の農場で目のあたりにした光景である。

そして、彼はこの光景を理解する鍵は近代教育にあると気付き、そこに立身出世の道を見出し、公立初等学校に入学する。一八三九年に高級官僚への登竜門である技術専門学校に入学、四四年にはヨーロッパ派遣留学生に選ばれ、フランスにわたり、砲兵学を学んだ。帰国後、彼の多彩な官僚人生が開始された。

祖国（ワタン）愛の醸成

かくして、エジプト「国民」意識が醸成されていく。そのさいに鍵となったのは、当時のイスラーム教徒のアイデンティティの基底にあったウンマ▲（イスラーム教信徒共同体）をどのように「国民」意識と両立させるか、あるいはそこに接合させるかということであった。というのも、ウンマは領域の感覚をもた

▼ウンマ　イスラームの信徒共同体。ウンマ・イスラーミーヤ（イスラーム国家）という言葉もあるが、基本的には、信徒間の個人的な結びつきからなり、空間認識の希薄な共同体である。イスラーム教徒、つまりウンマのメンバーが守るべき規範群がシャリーア（イスラーム法）である。

ぬ宗教概念であるのに対して、「国民」意識は、それとはまったく正反対の、領域を核とした世俗的な文化概念だからである。

この水と油の関係の二つの概念を結びつけたもの、それが祖国（ワタン▲）の概念であった。このエジプト国民意識の創設にもっとも力のあった知識人は、さきに詳しく言及したタフターウィーであった。以下は、彼の言葉である。

われわれイスラーム教徒にとって、ワタン（祖国）への愛はわれわれの信仰の発露であり、信仰の基礎である宗教を守ることである。どのイスラーム国家もそこに住むすべてのイスラーム教徒にとっての祖国（ワタン）である。祖国は宗教と愛国心（ワタニーヤ▲）を結びつける。そのため、祖国の息子たちはこの二つをともに動機として、祖国を守らなければならない。

（タフターウィー『少女と少年のための正しい導き』）

▼ワタン　ウンマが空間認識の希薄な信徒共同体であるのに対して、地縁的紐帯を基本にした共同体概念をいう。近代では、「祖国」と訳されることが多い。

▼ワタニーヤ　ワタンにもとづく政治主張。近代の国民国家体制のもとでは、民族主義や愛国主義と訳される。カウミーヤも同じく民族主義と訳されるが、これは文字通り血縁的紐帯を基本にし、「民族」と訳されるカウムという共同体概念にもとづいている。アラブ世界でのカウムにもとづく血縁的紐帯とは「アラブ性（ウルーバ）」（アラブ人であること）である。そのため、同じ民族主義でも、カウミーヤをアラブ民族主義、ワタニーヤを国民主義と訳し分けることが一般的である。のちに指摘する現代エジプト政治における、ナセルの民族主義はカウミーヤ（アラブ民族主義）であり、彼を継いだサダトの民族主義はワタニーヤ（エジプト国民主義）と呼ばれる。

④―帝国への野望と挫折

エジプトの半世紀

ムハンマド・アリーの諸改革によるエジプトの国力の増大は、目をみはるものであった。その国力は宗主国オスマン帝国を凌駕し、その勢いを背景に、ムハンマド・アリーは、息子のイブラヒーム、アフマド・トゥースンを指揮官として、一連の海外への軍隊派遣をおこなった。アラビア半島出兵(一八一一〜一八年)、スーダン征服(一八二〇〜二一年)、ギリシア出兵(一八二四〜二六年)、そして二度にわたるシリア戦争▲(第一次一八三一〜三三年、第二次一八三九〜四〇年)などである。

まさに中東イスラーム世界の十九世紀の前半は、エジプトの時代であった。それは、国際政治的には、エジプトの急速な領土拡張によって「東方問題」が深刻化した時代であり、域内政治的には、エジプトの対外進出によってアラブ諸国における近代化が促された時代であった。エジプト軍の派兵と占領は、中東イスラーム世界における政治社会の変動を加速した。

▼**シリア戦争**　オスマン帝国の遺産をめぐる「東方問題」を激化させた事件として、二度にわたるシリア戦争をつうじて、エジプトはシリアの領有権のオスマン帝国からの割譲を要求した。

▼イブン・サウード家　ワッハーブ家の宗教権威とイブン・サウード家の政治権力が結びついて成立した国家をワッハーブ王国と呼ぶことがある。第一次王国(一七四四頃〜一八一八年)、第二次王国(一八二三〜八九年)。一九〇二年、アブドルアジーズはリヤド奪回によって、この王国を再興した。現在のサウジアラビア王国の前身である。

アラビア半島出兵とスーダン征服

アラビア半島におけるワッハーブ派(一一五頁参照)の台頭は、イスラーム世界の盟主としてのオスマン帝国の権威をゆるがせる事件であった。現代のイスラーム復古主義的潮流の起源の一つとなったワッハーブ派は、一七四四年以降、アラビア半島の中部、ナジュド地方のダルイーヤの有力豪族、イブン・サウード家▲の武力と結びつくことによって大きな政治勢力となり、ナポレオンのエジプト遠征後の政治混乱期に急激な高揚をみせた。

一八〇二年にはシーア派イスラームの聖地、イラクのカルバラーを奪い、〇三年から〇五年にかけてヒジャーズ地方(アラビア半島の紅海沿岸地方)のメッカ、メディナをさえ破壊した。さらに彼らは、一八〇八年以後、ペルシア(アラビア)湾岸方面でイギリスと、紅海沿岸方面でオスマン帝国と戦いをまじえた。オスマン帝国にはこの動きを抑える力はなかった。そこで、エジプトのムハンマド・アリーにワッハーブ勢力の排除を依頼した。イブラヒームに率いられたエジプト軍は一八一一年、アラビア半島に出兵し、一八年、ワッハーブ勢力を聖地から排除した。

これに対して、スーダンへの出兵は純粋に国益にもとづいていたようにみえる。十九世紀初頭のスーダンは、北部にフンジュ・スルタン国▲、ダールフール・スルタン国▲という二つのイスラーム国家があり、南部にヌエル、ディンカなどの部族集団が生活する地域であった。ムハンマド・アリーの一八二〇年から二一年にかけてのスーダン出兵により、ムハンマド・アリーはフンジュ・スルタン国を滅ぼし、エジプト領スーダンを成立させた。

エジプトのスーダン支配の目的は経済的なものであり、北部農村では租税を徴収し、南部地方では象牙などの特産品の専売をとおして商業利潤をえようとした。そして、この目的のために、中央集権的な行政制度の導入や交通・通信網の整備がはかられた。こうして、スーダンにヒトと情報の交流によって地方の閉鎖性が破られる機会が生じ、結果として、スーダン社会が近代化する出発点となった。

ギリシア出兵とシリア戦争

一方、十八世紀末以降、バルカン諸民族は民族的自我に目覚め、彼らのオス

▼フンジュ・スルタン国　ムハンマド・アリー軍のスーダン遠征時（一八二〇〜二一年）にスーダン東部、青ナイル河岸に展開していた国家。建設したのは、アラブと異なる土着の「フンジュ人」であり、一八二一年に滅亡した。

▼ダールフール・スルタン国　フンジュ・スルタン国と並んで、ムハンマド・アリー軍のスーダン遠征時にスーダン西部、ダールフール地方にあった国家。「フンジュ人」と同様、アラブと異なる土着の「フール人」によって建設された。滅亡は一八七四年。

▼**キュタヒヤ条約**　キュタヒヤはトルコの都市。第一次シリア戦争は、オスマン帝国がロシアに支援を要請し、これにイギリスとフランスが反対したため、国際紛争となった。一八三三年、列強の干渉によって停戦のためのキュタヒヤ条約が結ばれ、シリアと小アジア南部のキリキア地方がエジプトに割譲された。

マン帝国からの自立化への動きは一八二一年にギリシア人が本格的に独立運動を展開するや、一気に高まった。オスマン帝国はもはや独力ではこのギリシア人の政治運動に対処することはできず、ムハンマド・アリーにその鎮圧を要請した。ムハンマド・アリーはこれに応じ、一八二四年、ギリシアに出兵した。

ギリシア独立運動は国際問題となった。オスマン帝国のギリシア弾圧に反対するヨーロッパ諸国の世論は沸騰し、一八二七年にイギリス、フランス、ロシアの連合艦隊はナヴァリノの海戦でオスマン・エジプト艦隊を破った。一八三〇年、ギリシアは独立する。また、この間、ロシアの南下政策は勢いづき、エジプトの宗主国オスマン帝国からの分離が決定的になった。

ムハンマド・アリーは、ギリシア人蜂起鎮圧のための軍事援助の代償として、オスマン帝国に対しシリアの行政権を要求した。スルタンがこれを拒否すると、ムハンマド・アリーは一八三一年、息子のイブラヒームをシリアさらにはアナトリアへと進軍させた。オスマン帝国はこのエジプト軍の侵入に対しても独力で対処できず、こともあろうに宿敵ロシアに支援を求めたことから、イギリス、フランス、オーストリアはただちにこれに共同で干渉した。そのため、ムハンマド・アリーは一八三三年、スルタンとキュタヒヤ条約▲を結び、シリアの割譲を約束させた。

シリア（ここでは、現在のレバノン、シリア、パレスチナ・イスラエル、ヨルダンを含む歴史的シリアを意味する）では、平原部において有力な地方名望家（アーヤーン▲）が都市ごとに割拠し、レバノン山岳地帯においてはドルーズ派イスラーム教徒▲、マロン派キリスト教徒▲など、特異な教義や慣習をもつ少数宗派集団の領主たちに支配されていた。エジプト軍の占領は、エジプト流の諸政策が導入されることによって、シリア社会の近代化を推し進める契機となった。

対外拡張の動機

エジプトの対外拡張はすべて、当時、エジプトがそのもとにおかれていた錯綜した国際関係のなかで展開した。そこでは、エジプトの国益との関係で、二つのタイプの派遣を指摘できる。まず、アラビア半島出兵とギリシア出兵は、弱体化した宗主国オスマン帝国の要請に応じたものであった。これに対して、スーダン征服、二度にわたるシリア戦争は、エジプトの国益拡大をストレート

▼アーヤーン　十八世紀の後半になり、オスマン帝国の中央集権体制の弱まりとともに、各地に在地の有力者が台頭した。彼らの呼称は地域によって異なり、エジプトではマムルーク、北アフリカではデイ、シリア、アナトリア、バルカンではアーヤーンと呼ばれた。

▼ドルーズ派　シーア派の一派。十一世紀初め、ファーティマ朝第六代カリフ・ハーキムを神格化することによって成立。コーランをさえ放棄し、独自の階級制のもとで伝授される教義をもつことで知られる。現在、シリア、レバノン、イスラエルに信徒がいる。

▼マロン派　東方キリスト教会派の一つ。七世紀に修道士ユハンナ・マールーンによって創始された。キリスト単意論（人性と神性の二つをもつが、意思は一つ）を奉じ、独持の典礼をもつ。十字軍時代の十二世紀以降、ローマのヴァチカンに忠誠を誓うという点で、ほかの東方キリスト教会派とは異なる道を歩んだ。現在、レバノンを中心に、シリア、パレスチナ、キプロス、北米に信徒をもつ。

に主張した。

前者はエジプトを、ヨーロッパやイスラーム世界を巻き込んだ国際問題のただ中においた。これに対して、後者はエジプトと国境を接する「近い」地域への出兵であり、そこには考えぬかれた戦略的な配慮があったのではないかと思われる。

それでは、その戦略的な配慮とはなんであったのであろうか。それは経済的な配慮、計算であったと思われる。このことを端的に示す史料がある。それは、シリアに攻め込んだムハンマド・アリーの息子、イブラヒームが一八三一年九月十五日に、エジプト占領軍のシリア政策を説明したイェルサレムでの布告である。

イェサレムには、キリスト教徒やユダヤ教徒のすべての共同体や宗派が、［世界］各地から巡礼に訪れ、あらゆる土地からそこを目ざすような礼拝堂や修道院がある。彼らの頻繁な到来に対して、街道に設置された通行税により重い負担が彼らに課せられてきた。……全ての街道と宿駅から、この通行税を正式に廃止することに関する命令が出された。イェサレムの町にある修道院と教会は、修道士や司祭の場であり、そこで聖書を朗誦し、信仰儀礼や祭儀をおこなっている。……イェサレムにあるすべてのキリスト教宗派、［すなわち］ヨーロッパ人、ギリシア正教徒、アルメニア教徒、コプト教徒の礼拝堂や修道院の全てに課された賦課と、同じく、ユダヤ教共同体に昔あるいは新たに課された賦課を、ここに廃止する命令が出された。これらの賦課は……州総督や裁判官、代官……たちのための財源の一部である。……同じように、聖墳墓［教会］へのキリスト教徒共同体の入場の際に課される通行税、ヨルダン河への［到来］における通行税の廃止に関する、我が命令が出された。……なぜならば、これらの賦課の全ては聖法に照らして不適合だからである。この我が命令の発行の後、違反を犯した何人たりとも、前記の人びとから銀貨一枚でも取りたてる何人たりとも、その責を問われるであろう。

（岩波書店『世界史史料』）

この布告で印象的なのは、聖地巡礼をめぐる、エジプト軍の宗教・宗派をこえた立場である。イェルサレムはユダヤ教、キリスト教、イスラーム教という三つの宗教の共通の聖地である。このあたり前のことを前提にしたこの布告は、いかにも「近代的」「国民国家的」である。

しかし、その立場は、経済的な文脈のもとでなされている。一つは非ムスリムに対する通行税などの諸税の廃止である。もう一つは、オスマン帝国の地方官吏が給与がわりにえていた特別臨時税の徴収を廃止すること、つまりは、ムハンマド・アリーが伝統的な有力者を排除し、中央集権的な財政基盤を確立するためにエジプトで実施した徴税請負制度の廃止である。つまり、イブラヒームは、父がエジプトで実施したと同じ施策を試みようとしていたのである。

体制のいきづまり

体制のいきづまりは、ムハンマド・アリーの国家運営の根幹において生じた。それは、農地の国有制の破綻である。ムハンマド・アリーの農民政策は、農地の国有を根拠に、農民の住む村を「本籍」としてそこに登録し、農民の村からの自由な移動を制限したうえで、村民に納税の共同責任を負わせるというものであった。農民には一定の土地を分与するが、その保有は実際の耕作を条件とした。

しかし、当時のエジプトでは人口に比して耕地が多かったことから、そもそもこの政策を有効に実施するのは困難であった。農民は村を離れても、容易に新たな耕地をみつけ出せたであろう。実際、ムハンマド・アリー時代に、多くの農民が村を逃げ出し、政府は彼らを「本籍」の村にもどそうとしたが、うまくいかなかった。

当時の逃村現象の多発はムハンマド・アリーによる過酷な政策を示す証拠として取り上げられることが多いが、農民の立場からみれば、それは国家に対する抵抗であった。また、ムハンマド・アリーが専売制というかたちをとりながらも、商品作物を栽培し、そこから販売益をえようとしたことは、結果的には、農業政策に市場原理を導入することを意味したため、彼の農業政策は当初から、農地の国有化政策と基本的なところで矛盾していた。

その結果、一度は廃止を試みたものの、農作業へのインセンティブの不足から、徴税請負制を一部、復活させざるをえなくなった。また、土地開拓の意図もあって、王族や遊牧民部族長などに新開地を特権地として授与することが大規模になされるようになる。かくして、農地国有化は有名無実となり、土地の私有を背景に、大土地所有制の展開が開始されることになった。この過程は、後述する一八四〇年のロンドン四国条約▲締結以後、急速に進むが、その方向性は、それ以前に、ムハンマド・アリーの統治のいきづまりのなかですでに決定づけられていた。

▼ロンドン四国条約　一八四〇年、エジプトの対外進出を阻止し、国力増強に干渉する目的から、イギリスがロシア、オーストリア、プロイセンを誘って結んだ条約。

農村の疲弊

つまり、一言で述べれば、エジプトの財源である農村が疲弊していたのである。そのなかで、農民の国家に対する抵抗は、消極的な逃村をこえて、反乱というかたちにまでいたることがあった。ムハンマド・アリーはカイロ市民の推挙をえて総督の地位につくや、カイロの有力者を押さえ込んだ。以後、エジプトでは、十九世紀初頭におけるカイロ市民の蜂起を最後に、都市部での騒乱はなくなり、騒乱の舞台は、ムハンマド・アリーの政策の矛盾が蓄積されていった農村部へと移っていった。

とりわけ、騒動は、カイロから遠く離れ、有力な不在地主のもとにおかれた上エジプト地方に頻発した。こうした農民反乱では、遊牧民や民衆を扇動する民衆宗教家を頭にいただくことが多かった。上エジプト地方はアラビア半島との歴史的な関係が深く、アラブ文化が根づき、また多くの民間宗教家がアラビア半島からわたってきたからである。以下は、ムハンマド・アリー統治期に最初に起きた大規模な農民反乱を伝える記述である。

イスラーム歴一二三六年(西暦一八二〇／二一年)、この村に「改革者」(サーリフ)と呼ばれたシャイフ・アフマドという名前の男が現れた。彼はヒジャーザ村に滞在しただけであったが、人びとが彼の回りに集まり、彼は人びとに神託を与えるようになった。彼に従う者は増加し、——伝えられるところによると——その数はおよそ四万に達した。彼はこの事態の推移に眩惑され、政府への攻撃を宣言した。彼は配下の者たちから成る、(国の)官僚にならった行政官を組織し、村々に賦課(人頭税あるいは土地税)を課した。また、不動産、市にある政府の穀物、金貸しのもとにある金銭を略奪した。陸上、海上の治安は悪化し、村々、行政官たちは彼を恐れた。

(アリー・ムバーラク『新編地誌』)

この反乱は二カ月の間続いた。ムハンマド・アリー軍は反徒たちを打ち破ることができたが、そのなかで、多くの反徒たちが殺害され、彼らのリーダーはアラビア半島のヒジャーズ地方へ逃亡した。

工業化の失敗

さきに指摘したように、商品作物としての農作物の多くは海外市場向けに輸出されたのに対して、ムハンマド・アリーが設営した官営工場での工業生産物は、国内市場向けであった。とりわけ、亜麻や綿の繊維製品は主として、軍隊や各種学校の制服の需要を満たすために生産された。つまり、ムハンマド・アリーの工業化は輸入代替のための政策であった。

一八四〇年のロンドン四国条約の締結は、このムハンマド・アリーの輸入代替政策を打ちくだいた。そこで規定された貿易の自由化は、安価なヨーロッパ商品、とりわけイギリス製の綿製品のエジプト流入をもたらした。また、この条約によってよぎなくされた軍隊の縮小は国内市場に悪い影響を与えた。官営国営企業は廃業に追い込まれ、伝統的な繊維業を担ってきたギルド組織は壊滅的な打撃を受けた。

しかし、それ以前に、ムハンマド・アリーの工業政策が失敗であったことはすでに明らかになっていた。その理由は、木材を中心としたエネルギー源を確保するのが困難であったこと、近代的な技術の移転を可能にする人的資源の質が確保されなかったこと、国営工場のいくつかは強制労働によって運営され、従業員に労働へのインセンティブを与えることができなかったことなど、さまざまであったが、それらはすべて、現在にいたるまで、エジプトの工業化をはばむ要因として立ちはだかっている。

列強の干渉

ムハンマド・アリー体制のいきづまりは、占領下にあったシリア社会にも動揺をもたらした。第一次シリア戦争は、エジプトのシリア領有を認めた一八三三年のキュタヒヤ条約の締結によって、一応の解決をみた。しかし、それは、当時のエジプトとオスマン帝国との力関係とヨーロッパ列強の思惑とがかさなり合った妥協の産物であった。この条約の内容に、ムハンマド・アリーもオスマン帝国スルタンも満足していなかった。そこに、シリア住民のエジプト統治に対する不満がかさなった。エジプトと違って多くの民族、宗教・宗派のコミュニティが共存するシリアの統治は容易ではなかった。

エジプトの政策に対して一八三四年からシリア各地でエジプト支配に対する反乱が勃発した。これらの反乱は、時にイスラーム教徒によるユダヤ教徒・キリスト教徒襲撃事件に発展することもあった。エジプト当局は武力による鎮圧を断行し、一時的に治安を回復すると、住民から武器徴集を開始した。しかし、ドルーズ派を中心に反乱が再燃すると、混乱を収拾することができなくなる。

一八三九年、シリアの領有をめぐりオスマン帝国とエジプトが再度交戦した。第二次シリア戦争の勃発である。そして、今回もエジプトが勝利する。その勢いはオスマン帝国にかわる新たな現地帝国の出現を予感させるものであった。強大な現地帝国の出現は、それまでの中東イスラーム世界の政治地図が一変することを意味する。

しかし、当時の中東イスラーム世界をめぐる国際政治環境は、このようなエジプトの台頭を許すようなものではなかった。列強はそこでの覇権と権益をめぐって、激しく競い合っていた。エジプトは、そのなかにあって、戦略的最重要地点であった。そこで一八三九年、エジプトがオスマン帝国に勝利するや、ヨーロッパ列強はただちに介入した。

こうして、一八四〇年、イギリスはロシア、オーストリア、プロイセン(のちにフランスも参加)とともにロンドン四国条約を結び、ムハンマド・アリーに対して、彼の一族によるエジプト総督世襲の国際的承認を条件に、スーダンを除く征服地を放棄し、三八年のオスマン・イギリス通商条約▲の適用にもとづいて、エジプト国内市場を開放するよう強硬に求めた。

エジプトは独力でこのヨーロッパ列強の要求を跳ね返す力はなく、要求を受け入れざるをえなかった。ここに、ムハンマド・アリーの自立的近代国家建設の試みは挫折し、彼の帝国への野望はついえた。以後、エジプトはナイル流域のみを領有する領域国家としての歴史を歩むことになる。

ムハンマド・アリーの死

ムハンマド・アリーの晩年はさびしいものであったようである。彼の帝国への野望は一八四〇年の四国条約によるヨーロッパ列強の介入によってくずれ去

▼**オスマン・イギリス通商条約**　オスマン帝国とヨーロッパ列強との間に結ばれた最初の不平等条約。この条約は全オスマン帝国領に適用されるものであったために、各地の経済に与えた影響は大きかった。エジプトの事例については、ロンドン四国条約の叙述、七二頁を参照。

カイロのリファイ・モスク地下にあるムハンマド・アリーの家族の墓

った。それでも、立ちあげた王朝の自分の子孫たちへの継承については、列強に認めさせた。しかし、自分の後継者と期待し、周囲もそれを望んでいた息子、イブラヒームは、自分より早く死んでしまった。

晩年のムハンマド・アリーは激しい躁うつ病に悩まされていたという。ムハンマド・アリーは、良きにつけ悪しきにつけ、典型的な開明的専制君主であった。イギリス領事は彼の死にさいして、次のように語った。ムハンマド・アリーを悩ませた当事者の言葉としては鼻白む気がするが、引用してみよう。

ムハンマド・アリーという名前に対するエジプト全階層の愛着と尊敬の念こそ、彼の後継者がその権力のもとで催した儀式のすべてに勝る(ムハンマド・アリーに対する)葬儀である。年配の者たちは、彼がこの国をそこから救った混迷と無政府状態を思い、それについて語っている。年若き者たちは、彼の精力的な統治と気まぐれで優柔不断な彼の後継者の政府とを比較している。トルコ人であれアラブ人であれ、すべての階層は、エジプトの繁栄はムハンマド・アリーとともに死んだ、と感じているのみならず、それをあけすけに喋っている。……実際のところ、否定されようもないこ

●——一八三九年にアレクサンドリアでヨーロッパ列強の代表と会見するムハンマド・アリー（アレクサンドリアのラアス・アルティィーン宮殿）

●——カイロのシュブラ宮殿での謁見

と、それはムハンマド・アリーが、そのすべての欠点にもかかわらず偉大な人間であった、ということである。

(『イギリス外務省文書』)

⑤—ムハンマド・アリー統治の評価

エジプトの開国

ムハンマド・アリーの統治については、評価が分かれる。当初、彼はカイロ市民から旧体制の桎梏からの解放者として歓迎された。しかし、その統治の後半には、彼の苛烈な政策は怨嗟の的となった。とりわけ、兵役、強制労働のための労働力調達は農民に血税として忌みきらわれた。

彼の統治の間、エジプトは矢継ぎ早の国内施策や対外戦争にもかかわらず、外国からの借金に無縁であった。その意味において、当時、エジプトは経済的自立を成しとげていたということができる。しかし、その結果は、農業部門への過重な財政負担、農村の疲弊をもたらし、間接的ながら、エジプトのヨーロッパ経済への従属化の道を開いた。

しかし、ムハンマド・アリー時代をどう評価するかは、個々の政策の是非をこえて、それらが実施された時代状況との関係からされるべきであろう。これまで幾度もその言葉を引用してきたタフターウィーは、ムハンマド・アリーについて、次のような評価をくだしている。

もし故ムハンマド・アリーの唯一の貢献が、長年にわたる孤立の結果衰退したエジプトを、再び外国の国々と結びつけたことにあるとすれば、そのことの意味は大きい。彼は荒廃と鎖国という病からエジプトを救い、外国人との提携という楽しみをエジプトに与えることによって、国の福祉を高めたからである。

（タフターウィー『エジプト人の精神が現代文芸のよろこびに達するための道程』）

しかし、この「孤立の結果衰退したエジプトを、再び外国の国々と結びつけたこと」がムハンマド・アリーの足を引っ張ったのである。彼の対外的な開放は、決して自由主義的な貿易政策を意味するものではなかった。それはすでに述べたように、具体的な政策の内容をみるかぎり、すでに半世紀も前に、アリー・ベイが実施した政策の延長にあった。

統治のほころびと挫折

ムハンマド・アリーの統治の歴史的な評価にさいしては、「東洋的」や「専制的」などの表現がつけられてきた。この表現自体に誤りはない。しかし、この表現は西洋と東洋という二項対立的な世界観を前提にしており、ムハンマド・アリー統治を「東洋的専制」というイメージで歪め、固定化してきたこともいなめない。

そこで、西洋対東洋の二項対立的な世界観を捨て、虚心坦懐にムハンマド・アリー統治期のエジプトを、同時代のヨーロッパ諸国との比較のなかで評価してみよう。実際、すでに指摘したように、十九世紀の前半という時代において、国民国家の形成という政治領域においても、市場圏の組織という経済領域においても、地中海の北と南とでは決定的な違いがあったわけではなかったからである。

そのさいのキーワードは重商主義である。十六世紀末から十八世紀にかけて、ヨーロッパで支配的であった経済思想あるいは経済政策は重商主義と呼ばれた。それは、一つの理念や教義にもとづく経済思想あるいは経済政策というよりは、保護貿易の立場から、輸出産業を育成し、貿易によって貴金属であれ貨幣であれ、貿易差額によって国富を増大させることをめざした管理経済の総称であった。

ムハンマド・アリーの国家運営の基本を一言で述べれば、この重商主義的な国家政策ではないかと思われる。重商主義の時代は、ヨーロッパ経済史においては、ヨーロッパ列強がその経済力を全開させる自由経済体制を準備した本源的蓄積の時期とされる。そのため、重商主義はムハンマド・アリーがエジプトを統治した十九世紀前半のヨーロッパでは、イギリスの古典派経済学者が主張したように、現実においても理論においてもその限界が露呈され、時代遅れの克服すべき経済思想であり経済政策であった。それにとってかわるべきが自由主義的な経済政策というわけである。

このことは、オランダやイギリスなどのヨーロッパの経済先進国では正しかったであろう。しかし、同じヨーロッパ諸国であっても、ドイツや地中海諸国など経済後進国でも同じことがいえたであろうか。たしかに、自由主義経済はヨーロッパ先進国にとっては、経済の繁栄を保証する「自由」な経済であった。しかし、ヨーロッパ後進国にとって、それは経済政策の自由を奪い、国益を損じる、外から押しつけられた「非自由」な経済であったであろう。この点にお

▼アッバース一世（一八一三〜五四）　アッバース・パシャまたはアッバース・ヒルミー一世とも呼ばれる。ムハンマド・アリーの息子、アフマド・トゥースンの子どもとしてサウジアラビアのジェッダに生まれる。ムハンマド・アリー朝の第三代エジプト総督（在位一八四八〜五四）。近代化改革に反対した反動主義者として知られ、宮殿にて殺害される。

▼サイード（一八二二〜六三）　サイード・パシャは、ムハンマド・アリー朝の第四代エジプト総督（在位一八五四〜六三）。ムハンマド・アリーと側室の間に生まれる。フランスのパリで教育を受けたこともあって、欧化主義者として、土地・税制度改革など、エジプトの近代化政策を進めた。一八五四年には、友人であるフランス人フェルディナン・ド・レセップスに、スエズ運河の掘削権を認めた。

いて、オスマン帝国、エジプトも事情は同じであった。ムハンマド・アリーの重商主義的政策は、当時のエジプトがとりうるもっとも妥当な経済政策であったに違いない。

近現代エジプト史のなかのムハンマド・アリー

エジプトはムハンマド・アリーの時代から今日まで、自立的経済をめざした時代と開放的経済をめざした時代を繰り返してきた。そして、後者はおおむね外部からの圧力によって、いやおうなく採用をよぎなくされた。ムハンマド・アリーの時代のあと、アッバース一世▲の短い統治をへて、サイード▲とイスマイール▲の時代は西欧化に邁進した時代であった。それは、一八四〇年のロンドン四国条約の受け入れを転機としていた。その結果は、一八七六年のエジプト財政の破綻、八一年のオラービー大佐を指導者とした民族主義運動(オラービー革命)、そして八二年のイギリスによるエジプトの軍事占領と実質的な植民地化であった。

一九五二年のナセル▲を指導者とした青年将校によるエジプト革命は、この植

▼イスマイール(一八三〇〜九五)　イスマイール・パシャは、ムハンマド・アリーの息子、イブラヒームの次男として生まれる。ムハンマド・アリー朝の第五代エジプト総督(在位一八六三〜七九)。彼の治世時に、スエズ運河は完成した。サイード以上の欧化主義者であり、彼の「エジプトはヨーロッパの一部である」との言葉は有名である。一八七九年、エジプト財政破綻のなか、ヨーロッパ列強によって退位させられた。

▼ナセル(一九一八〜七〇)　ガマール・アブドルナーセルはエジプト共和国第二代大統領(在任一九五六〜七〇)。一九五二年七月二十三日、青年将校の秘密結社、自由将校団を率い、軍事クーデタによって権力を掌握、翌年、王政を廃止し、共和政に移行した(エジプト革命)。一九五六年には第二代大統領に就任。アラブ民族主義にもとづく国家運営をおこない、国内的には一党独裁による社会主義計画経済を推進し、国際的には冷戦体制にあって非同盟主義の指導者として華々しく活躍した。一九六七年の第三次中東戦争の敗北からの国家再建の途中の七〇年、急死する。

民地体制を打倒した。革命政権がめざしたのは自立的エジプト経済であった。しかし、それは一九六七年の第三次中東戦争の敗北を転機に挫折した。あとを継いだサダト▲とムバーラク▲の時代がめざした、あるいはめざさざるをえなかったのは開放的経済であった。しかし、その結果は、政治体制の独裁化と「アラブの春▲」と呼ばれる民衆の民主化運動の一環としてなされた二〇一一年における「一月二五日革命」である。

「一月二五日革命」はムバーラク政権を打倒した。運動で批判の対象となったのは、ムバーラク体制の独裁性であった。たしかに、ムバーラク体制の非民主的な性格は、目にあまるものがあった。しかし、ムバーラク政権が打倒されたからといって、豊かで民主的なエジプト社会が実現するわけではない。そこに、これまでのエジプトの政治がかかえた大きなディレンマをみてとることができる。

それは、エジプト社会をまとめあげる政治の中心の必要性と豊かな経済を実現させるために不可欠な社会の開放性との間のディレンマである。ムバーラク体制の正統性を担保していたのは一九五二年革命であり、それは、それ以前の

▼サダト（一九一八～八一）　アンワル・アルサダトはエジプト共和国第三代大統領（在任一九七〇～八一）。ナセルをリーダーとする自由将校団の一員として一九五二年のエジプト革命に参加。一九七〇年、ナセルの急死を受けて、エジプトの第三代大統領に就任。エジプト国民主義にもとづく国家運営、経済の開放化、イスラエルとの平和条約締結などをおこなったが、一九八一年、イスラーム過激派によって暗殺された。

▼ムバーラク（一九二八～　）　フスニー・ムバーラクはエジプト第四代大統領（在任一九八一～二〇一一）。一九八一年のサダト暗殺ののち、副大統領から大統領に就任。四〇年の統治期間は四人の大統領のなかで最長。「アラブの春」の一環としての「一月二五日革命」によって失脚。

▼「アラブの春」　二〇一〇年十二月のチュニジアに始まるアラブ民衆の民主化運動。運動はアラブ諸国に広まり、チュニジア、エジプト、リビアにおいて長期独裁政権が打倒された。エジプトでは二〇一一年一月二十五日に最初の大規模デモが発

生し、二月十一日にはムバーラク大統領は失脚する。このエジプトの民主化運動は、最初の大規模デモの日を冠して、「一月二五日革命」と呼ばれる。

経済の開放化がもたらした政治と社会の腐敗を糾弾する運動であった。しかし、時代はまわる。そのムバーラク体制は経済の開放化をよぎなくされ、腐敗し、そのなかで「一月二五日革命」は起きた。

この政治の中心性と経済の開放性との間のディレンマはエジプト社会の歴史に深く根ざしたものであり、そう簡単には解消されないであろう。そして、このエジプト近現代史におけるディレンマの出発点となったのは、ムハンマド・アリーの統治である。

早過ぎた明治維新

そのため、本書で語られたムハンマド・アリー統治の諸問題は、決して「歴史的」な問題ではなく、「今日的」な問題なのである。しかし、こうした「今日的」な時代状況からの議論はそれとして、こと近代国家エジプトの建設に話を限定するならば、エジプト出自ではない、いわば征服王朝の君主でありながら、また、宗主国オスマン帝国からの政治的妨害、イギリスを中心としたヨーロッパ列強からの軍事介入を含む干渉に遭いながらも、エジプトを独立近代国家に導こうとしたムハンマド・アリーの決意と、そのために彼がなした多くの政治的決断の的確さについては疑いの余地はない。

それは、日本の近代国家形成の過程と比較するとよくわかる。日本の近代国家形成が明治維新以降、異例の速さで達成されたことは周知のことである。しかし、本書でみてきたように、ムハンマド・アリーの時代は明治維新に先だつこと約半世紀、それからのエジプト史は日本の近代史にまして波瀾に富み、厳しいものであった。なぜ近代化に早く着手したエジプトが失敗し、遅く着手した日本が成功したのか。さまざまな議論がありえようが、一つはっきりしていることは、エジプトを含む中東イスラーム世界がつねに世界の地政学的中心に位置し、時の覇権国・地域とともに歴史を歩まねばならなかったことである。歴史の偶然と蓋然を思わざるをえない。

ムハンマド・アリーとその時代

西暦	齢	おもな事項
1517		オスマン帝国，エジプト征服
1767		アリー・ベイ，エジプト政治の実権を掌握
1768		露土戦争（1次 -***1774***，2次 ***1787-92***）
1769	0	ムハンマド・アリー，カヴァラに生まれる アリー・ベイ，オスマン帝国からの自立を表明
1786	17	ハサン・パシャのエジプト派遣
1798	29	ナポレオンのエジプト遠征（-***1801***）
1801	32	イギリス軍のエジプト占領（-***02***）。ムハンマド・アリー，オスマン軍・アルバニア分遣隊の副官としてエジプト上陸
1805	36	ムハンマド・アリーのエジプト総督就任。ムハンマド・アリー朝（-***1953***）の成立
1808	39	ヨーロッパへの留学生派遣の開始
1811	42	マムルーク大虐殺。ワッハーブ派討伐のため，アラビア半島へ出兵（-***18***）
1813	44	検地と土地制度改革（-***14***）
1816	47	技術専門学校開設
1820	51	マフムーディーヤ運河完成（***1807-20***）。スーダン・エチオピア出兵・征服（-***21***）。長繊維ジュメル綿の栽培開始
1821	52	エジプトで最初の官立印刷所開設
1822	53	クレタ・キプロス出兵。徴兵制の実施
1824	55	ギリシア独立戦争出兵（-***28***）
1825	56	洋式医学校の開設
1827	58	ナヴァリノの海戦
1828	59	『エジプト官報』発行開始
1831	62	第1次シリア戦争（-***33***）
1833	64	キュタヒヤ条約
1834	65	デルタ・バラージュ建設開始（のちに放棄）
1835	66	アラビア半島出兵（-***40***）。マルセイユ・アレクサンドリア間蒸気船ルート開設
1836	67	スエズ・ボンベイ間蒸気船ルート開設
1838	69	オスマン・イギリス通商条約
1839	70	第2次シリア戦争（-***40***）
1840	71	ロンドン四国条約
1841	72	オスマン帝国，ムハンマド・アリー一族のエジプト総督権世襲を承認
1843	74	デルタ・バラージュの建設再開（-***61***）
1846	77	全国人口調査実施
1848	79	ムハンマド・アリー退位。イブラヒーム・エジプト総督就任。イブラヒーム死去
1849	80	ムハンマド・アリー死去

参考文献

アリー・バラカート（加藤博・長沢栄治訳／解題）『近代エジプトにおける農民反乱——近代エジプト社会史研究入門』アジア経済研究所，1991年

石田進『帝国主義下のエジプト経済』御茶の水書房，1974年

板垣雄三『歴史の現在と地域学——現代中東への視角』岩波書店，1992年

岩永博『ムハンマド＝アリー——近代エジプトの苦悩と曙光と』人と歴史シリーズ東洋20，清水書院，1978年

ヴィゴ＝ルシヨン（瀧川好庸訳）『ナポレオン戦線従軍記』中央公論社，1982年

ウッドハウスC.M.（西村六郎訳）『近代ギリシァ史』みすず書房，1997年

加藤博『私的土地所有権とエジプト社会』創文社，1993年

加藤博『イスラーム世界の危機と改革』世界史リブレット37，山川出版社，1997年

加藤博『「イスラム vs. 西欧」の近代』講談社新書，2006年

加藤博『ナイル——地域をつむぐ川』刀水書房，2008年

佐藤次高編『西アジア史 ①アラブ』新版世界各国史８，山川出版社，2002年

鈴木董『イスラムの家からバベルの塔へ——オスマン帝国における諸民族の統合と共存』リブロポート，1993年

東京外国語大学アジア・アフリカ言語文化研究所『豊饒なるエジプト 1841-44 ——フランスのエジプト学者プリス・ダヴェンヌの石版画より』東京外国語大学出版会，2010年

冨岡倍雄『機械制工業経済の誕生と世界化——南北問題の経済学』御茶の水書房，1997年

中岡三益『アラブ近現代史——社会と経済』岩波書店，1991年

長沢栄治『エジプトの自画像——ナイルの思想と地域研究』平凡社，2013年

両角良彦『新版 東方の夢——ボナパルト，エジプトへ征く』朝日選書，朝日新聞社，1992年

歴史学研究会編『民族と国家——自覚と抵抗』講座世界史３，東京大学出版会，1995年

Crecelius, Daniel, *The Roots of Modern Egypt-A Study of the Regimes of ʻAli Bey al-Kabir and Muhammad Bey Abu al-Dhahab, 1760-1775,* BIBLIOTHECA ISLAMICA, Minneapolis & Chicago 1981.

Cuno, Kenneth M., *The Pasha's Peasants. Land, Society, and Economy in Lower Egypt, 1740-1858,* Cambridge University Press 1992.

Ghorbal, Shafik, *The Beginnings of the Egyptian Question and the Rise of Mehemet Ali,* George Routledge & Sons, LTD., London 1928.

Lawson, Fred H., *The Social Origins of Egyptian Expansionism During the Muhammad ʻAli Period,* Columbia University Press 1992.

Marsot, Afaf Lutfi al-Sayyid, *Egypt in the reign of Muhammad Ali,* Cambridge University Press 1984.

Rivlin, Helen A. B., *The Agricultural Policy of Muhammad ʻAli in Egypt,* Harvard University Press 1961.

Wendell, Charles, *The Evolution of the Egyptian National Image. From its Origins to Ahmad Lutfi al-Sayyid,* University of California Press 1772.

Wiet, Gaston, *Mohammed Ali et les Beaux-Arts,* Dar al-Maaref, Cairo, n.d.

図版出典一覧

Wiet, Gaston, *Mohammed Ali et les Beaux-Arts,* Cairo, n.d. *21*上, 中, *25, 34*左, *38, 51, 78, 79*

Prince Osman Ibrahim et al., ***Muḥammad ʻalī al-kabīr. Khuṣūṣiyāt ʻāʼila malakīya. Mudhakkirāt ḥamīma*** (*1805-2005*), Cairo, 2005. *5, 43*

著者提供 扉, *15, 17, 21*下, *27, 29*下, *31, 32, 34*右, *55*

PPS 通信社 カバー表, 裏

加藤 博(かとう ひろし)
1948年生まれ
一橋大学商学部卒業
一橋大学大学院経済学研究科博士課程修了。経済学博士(一橋大学)
専攻,中東社会経済史,イスラーム社会論
現在,一橋大学名誉教授

主要著書

『文明としてのイスラム——多元的社会叙述の試み』(東京大学出版会 1995)
『イスラーム世界の危機と改革』(世界史リブレット 37,山川出版社 1997)
『イスラム世界論——トリックスターとしての神』(東京大学出版会 2002)
『イスラム経済論——イスラムの経済倫理』(書籍工房早山 2010)

世界史リブレット人㊷

ムハンマド・アリー

近代《きんだい》エジプトを築《きず》いた開明的君主《かいめいてきくんしゅ》

2013年8月30日　1版1刷発行
2017年12月31日　1版2刷発行

著者:加藤《かとう》　博《ひろし》

発行者:野澤伸平

装幀者:菊地信義

発行所:株式会社 山川出版社

〒101-0047　東京都千代田区内神田1-13-13
電話　03-3293-8131(営業) 8134(編集)
https://www.yamakawa.co.jp/
振替　00120-9-43993

印刷所:株式会社 プロスト

製本所:株式会社 ブロケード

© Katō Hiroshi 2013 Printed in Japan ISBN978-4-634-35067-0
造本には十分注意しておりますが,万一,
落丁本・乱丁本などがございましたら,小社営業部宛にお送りください。
送料小社負担にてお取り替えいたします。
定価はカバーに表示してあります。